Renate Henstedt

GESTRANDET VOR MANAUS

Reisetagebuch einer ungewöhnlichen Traumkreuzfahrt

Inhalt

KAPITEL 1

Der Weg zum Schiff

24. Februar 2020

Als ich erwache, umgibt mich pechschwarze Dunkelheit. Mein Hals fühlt sich heiß und beengt an. Ich bewege die Arme und stoße an harte Kanten. Ich fasse zum Hals und fühle samtigen Stoff, vorne Knöpfe, automatisch öffne ich sie, atme tief durch, versuche meine Umgebung wahrzunehmen.

Ein sanftes Brummen ist zu hören. Während ich das Nackenkissen löse, entdecke ich langsam, wo ich bin. Der Gangplatz in der Maschine schien die beste Wahl zu sein. Zehn Zentimeter von meiner Brust entfernt liegt der Kopf eines Mitreisenden. Immerhin bin ich das Nackenkissen los, mit dem ich scheinbar Stunden geschlafen habe. Ich versuche aufzustehen, das rechte Bein über die Armlehne zu schwingen, denn es passt nicht in die Lücke zwischen Vordersitz und dem Ende der Armlehne.

Die Lehne lässt sich nicht aufrichten. Irgendwann gelingt mir der akrobatische Akt, indem ich meinen Rücken vielleicht für immer verdrehe. Ich schleiche auf meinen speziell für die Reise erstandenen weichen Schuhen in Richtung Toilette.

Einige Mitreisende stehen schon dort und warten, bis sie die rettende, einzig funktionierende Toilette benutzen dürfen. In einigen Minuten erwarte ich den Ansturm der restlichen 250 Passagiere.

Stunden später, nach meinem Zeitgefühl ist es 10 Uhr morgens, kann ich die bleierne Dunkelheit, die lähmende Enge nicht mehr ertragen. Ich versuche, die entstehende Panikattacke durch eine Folge meiner Lieblingsserie im Bordfernsehprogramm zu beruhigen. Erst viel später lässt sich die Stimme des Pursers vernehmen, der in angenehmem Spanisch und dann auf deutsch und englisch die Positionsmeldung ansagt. Langsam erhellt sich die Kabine. In etwa einer Stunde werden wir in Buenos Aires landen.

„Wir fliegen erst nach Iguazú, dann geht es weiter auf eine Rundreise durch Brasilien!" Das Ehepaar in den Sechzigern zu meiner Linken erzählt munter von seinen Reiseplänen mit einer organisierten Gruppenreise. Mir kommt diese Art zu reisen sehr anstrengend vor. Nicht nur geht es da um ständiges An- und Abreisen, man muss sich auch auf die Belange und Eigenheiten der unbekannten Gruppenmitglieder einstellen.
Ich freue mich, dass ich zum ersten Mal in meinem Leben meine Reise zum großen Teil an ein und demselben Ort verbringen werde, nämlich auf einem Kreuzfahrtschiff. Das seinerseits für mich unvorstellbare Distanzen zurücklegt: Ich werde auf einer einzigen Reise viele der Sehnsuchtsorte meiner Kindheit und Jugend besuchen können.

In den letzten Jahren wurde gerade der Wunsch, Brasilien zu bereisen, immer dringlicher.
Meinen Plan, die für mich wichtigsten Ziele in diesem Land zu besuchen, musste ich immer wieder aufschieben. Am liebsten wäre ich wie sonst individuell gereist, mit Bussen und Flugzeugen im Land, mit viel Zeit und mit dem mir eigenen Rhythmus. Nachdem sich aber meine Brasilianisch-Lehrerin an einem dunklen Abend in einer völlig ungefährlichen deutschen Stadt auf dem Weg von Kursort zur Straßenbahn an jeder Ecke ängstlich nach verdächtigen Gestalten umsah, verstand ich, dass mein Traumland vermutlich zu unsicher war, um als allein reisende Frau das Herumkommen genießen zu können. Ständig in ängstlicher Aufmerksamkeit zu leben würde die Lust an der Reise zu sehr beeinträchtigen.

Und an einem Morgen im Spätsommer, als ich einer meiner Lieblingsbeschäftigungen, dem Zeitunglesen nachging, bemerkte ich eine große, bunte Anzeige im Lokalteil: eine Südamerika-Rundreise mit einem Kreuzfahrtschiff. Die Landkarte mit der eingezeichneten Route faszinierte mich sofort. Das Schiff sollte nicht nur in den wichtigsten Häfen Brasiliens anlegen, sondern die Reise würde in Buenos Aires beginnen (aha, Gauchos, Tango, Militärdiktatur, Evita, Cartoneros, Machismo), dann weiter nach Uruguay gehen (irgendwie das andere Ende der Welt, was für ein exotischer Name, Estancias, Rindfleisch, weites Land). Über Südbrasilien legt das Schiff an in Ilhéus (Heimat des Autors Jorge Amado), Ilha Bela und Ilha Grande, Trauminseln im atlantischen Regenwald, Rio de Janeiro (ohne Worte), Salvador da Bahia (afrikanischste Stadt des Landes), Natal im heißen Nordosten, dann würde das Schiff fünf Tage in den Amazonas hinein bis Manaus fahren. Und ich würde an meinem Geburtstag auf dem Amazonas herumschippern. Unglaublich, viel besser als die Programme der Rundreisen an Land. Und für mich das erste Mal auf einem Schiff! Einem kleinen, charmanten Schiff, das noch wie ein Schiff aussieht, nicht wie die Hochhäuser, die ich vor Palma de Mallorca Tausende von Menschen habe ausspucken sehen.
Ich rechnete – einen Teil der gerade ausgezahlten Lebensversicherung würde ich schon ausgeben müssen –, Zeit hatte ich (ich bin zum Glück seit einiger Zeit pensioniert), die Familie stimmte zu und am nächsten Tag wurde gebucht. Eine Einzelkabine ohne Balkon würde dann für fast vier Wochen mein Zuhause sein. Auch wenn dies erst einmal sehr fremd schien, es musste sein. Ende Februar sollte die Reise starten – ab Buenos Aires.

In den nächsten sechs Monaten verfolgte ich zu Hause den Weg meines Schiffes auf der Internetseite des Veranstalters – von Monaco über Madeira, die Karibik, durch den Panama-Kanal, über Ecuador, Peru, Chile, am Kap Hoorn vorbei (das wäre auch spannend gewesen), über die Falkland-Inseln und dann – Ankunft in Buenos Aires. Jetzt wartet das Schiff auf mich im Hafen.

Aber zunächst durch die Passkontrolle. Hunderte von Menschen stauen sich am Ende einer Rolltreppe. Die Passkontrolle ist nicht in Sicht. Eine kleine Frau mit grauem Pferdeschwanz und teurer Windjacke sucht jemanden, der auch aufs Schiff will; ich spreche sie an, die Auskunft, dass sie nicht allein ist, genügt ihr scheinbar schon. Wir schieben uns mühsam durch die durch Flatterband abgetrennten Gänge, füllen dabei blauweiße Formulare aus, in denen vor dem kürzlich in China aufgetretenen Corona-Virus gewarnt wird und auf dem wir unterschreiben müssen, dass wir keine entsprechenden Symptome in den letzten vierzehn Tagen hatten. Die Passkontrolleure mustern uns mit strengen Blicken, auch als ich die Stimmung mit einem spanischen Gruß auflockern will, bekomme ich kein Lächeln, sondern eine Anweisung auf spanisch, wie ich meine Fingerabdrücke abzugeben habe.

Mein Argentinien-Reiseführer hatte gewarnt, dass schon in der Ankunftshalle des Flughafens die Gefahr bestehe, durch schnell zugreifende Räuber seine Handtasche zu verlieren, also binde ich alles fest an meinen Körper und schaue mich misstrauisch nach verdächtigen Gestalten um, zum Glück vergeblich. Die türkis-weißen Shirts der Mitarbeiter des Veranstalters weisen den Weg, und nach einigen Minuten ist das Gepäck an vermutlich vertrauenswürdige Männer zum Transport aufs Schiff abgegeben und Gruppen von Menschen in fortgeschrittenem Alter, jedoch mit aufgeweckter und fitter Ausstrahlung haben sich mit mir in die Busse gequält, die auf engen Bussteigen vor dem Gebäude warten.

„Wir fahren jetzt etwa dreißig Minuten durch die Stadt bis zur Anlegestelle Ihres Schiffes.“ Die einheimische Reiseführerin spricht fast

akzentfreies Deutsch. Ich blinzele durch die Vorhänge meines Fensters in die ungewohnte Sonne, glücklicherweise haben mein beträchtliches Handgepäck und ich einen Doppelsitz in Besitz nehmen können. Ich lehne mich zurück und beginne die Reise zu genießen. Wir werden vormittags auf dem Schiff einchecken, nach einem erholsamen Schläfchen in meiner komfortablen Kabine freue ich mich auf einen nachmittäglichen Ausflug ins Stadtzentrum. Zu Hause habe ich mir vorgenommen, mit dem Taxi zur Plaza de Mayo zu fahren, mir vorzustellen, wie die Mütter des Plaza de Mayo immer noch jeden Donnerstag um 15.30 auf dem Platz im Kreis gehen, um gegen das Verschwinden ihrer Kinder in Zeiten der Militärdiktatur zu demonstrieren. Vor dem Balkon der Casa Rosada stehen, wo im Film Evita Perón zu ihrem Volk spricht kurz vor ihrem Tod.
Dann die Avenida de Mayo 829 suchen, das berühmte Café Tortoni, in dessen Keller es nächtliche Tangoveranstaltungen gibt. Die besondere Atmosphäre der Belle Epoque genießen, die Kellner, die ihre Berufsehre leben und jeden Gast, auch wenn er stundenlang vor einem Cortado sitzt, mit professioneller Gastfreundlichkeit behandeln. Von dort nach Norden durch die Calle Florida zu den Galerias Pacífico, vielleicht in einen guten Buchladen.
Und in einem der modernen Einkaufszentren nach einer schönen neuen Ledertasche schauen, in der ich meine diversen noch zu erstehenden Reisesouvenirs auf dem Rückflug mitnehmen kann. In weiser Voraussicht habe ich für den Rückflug noch Platz für sieben Kilogramm Fluggepäck gelassen. Ich strecke mich genüsslich und höre der Reiseleiterin zu: „...sie fahren mit ihren Rädern dicht an Ihnen vorbei und reißen Goldschmuck und Taschen ab. Silberschmuck nicht so, aber alles, was aus Gold ist, bitte ablegen. Ringe und Ohrringe eher nicht, aber Ketten. Sie bespritzen Sie mit übelriechenden Flüssigkeiten, und wenn Sie versuchen, sich zu säubern, tauchen auf einmal freundliche Pärchen auf, die Ihnen mit Wasser

und Tüchern helfen wollen. In Wahrheit wollen sie Ihnen nur nahekommen und alles Greifbare mitnehmen. Lassen Sie sie nicht in Ihre Nähe, rufen Sie ‚no tocar', nicht berühren..."
Von betrügerischen Taxifahrern habe ich schon gehört, aber das geht zu weit. Ich bin entsetzt. Und schaue lieber aus dem Fenster, wo strahlende Sonne die roten Blüten der Flaschenbäume, auf die uns die Reiseleiterin stolz hinweist, glänzen lässt, wo Alleen mit hohen schlanken Bäumen den Blick auf zivilisiert wirkende steinerne geschmückte Hausfassaden öffnen. Um diese Stadt zu genießen, muss man wohl flexibel und nicht so leicht zu beeindrucken sein.

Der Bus hält vor dem Hafenterminal etwas außerhalb der Innenstadt, einem schmucklosen Betongebäude, in dem noch einmal Pässe und Handgepäck kontrolliert werden. Wieder müssen wir ein Formular unterschreiben, in dem wir angeben, in den letzten vierzehn Tagen keine grippeähnlichen Symptome gehabt zu haben. Zwei unterschiedliche Shuttlebusse bringen uns endlich zum Kai, an dem unser prächtiges Schiff wartet. Bug und Heck sind deutlich auszumachen, sanft geschwungen, riesig, weiß, einladend. An der Gangway eine Desinfektionsstation für die Hände, ein türkis-weiß gekleideter junger Mann, der jeden einzelnen neuen Gast mit Handschlag begrüßt, zu mir sagt er: „Willkommen zu Hause". Erst später erfahre ich, dass dies der Slogan des Veranstalters und nicht wörtlich zu nehmen ist. Wie viel Wahrheit in diesem Willkommensgruß stecken wird, ahne ich hier noch nicht.

KAPITEL 2

Magische Momente: Evita, der Friedhof Recoleta und eine Fiesta Gaucha

25. Februar 2020, Buenos Aires

Es ist kühl an diesem Morgen. Groß, braungebrannt, weißes Polohemd, dunkelgraue Wolljacke, etwas müde sieht Alejandro, unser lokaler Reiseführer, aus. Er erwartet uns vor dem in römischem Stil erbauten Eingangsbogen des Friedhofes Recoleta. Eine Hand hält den langen Stab, an dem das Schild mit der Nummer der Gruppe zu sehen ist, die andere das Mikrofon, in das er so leise wie möglich sprechen wird, damit wir ihn mit unseren Empfangsgeräten gut hören können - eine Kommunikationsform, die ich hasse. Daher bleibe ich nahe bei ihm, um die Geschichten, die er zu den Gräbern in diesem einzigartigen Friedhof zu erzählen hat, unmittelbar zu hören.

Ein Friedhof, der ohne Beete und Blumen auskommt, in dem es mit hellen Steinen gepflasterte Straßen mit Alleen von Araukarien und Kapokbäumen gibt, bestanden von haushohen Grabmälern, die Architektur von antiken griechischen oder römischen Gebäuden bestimmt, geschmückt mit Büsten, Tierfiguren, steinernen Brunnen, riesigen Lorbeerkränzen. Kuppeln mit Engeln, Kruzifixen oder Heiligenfiguren ragen über schmiedeeiserne Zäune. In den Seitenstraßen schmiegen sich Marmorpaläste wie kleine Reihenhäuser aneinander, die spitzen, mit Ornamenten geschmückten Eingangstore scheinen in die Welt der Toten einzuladen.

„Dies ist ein Friedhof für die Einwanderer aus Italien oder Spanien, nicht für Deutsche oder Osteuropäer, die haben ihren eigenen Friedhof. Der Ursprung der Familien ist an der Architektur, aber auch an den Namen der Familien zu erkennen."
Wir nähern uns den Inschriften, studieren die Namen, versuchen, die Sprachen zuzuordnen, bis Alejandro uns in einen Seitengang mit eher niedrigen, etwas bescheideneren Grabmälern führt.
Und da ist es, das Grab der Familie Duarte. Die Front besteht aus spiegelndem schwarzem Marmor, eine rosa, eine rote, eine weiße Blüte stecken verloren im Gitter am Eingang. Auf bronzefarbenen Platten sind die Namen, Daten und Verdienste der Verstorbenen verewigt. Oben rechts finde ich Evitas Nachruf: Eva Perón, 1952. Eine sitzende Frau, die Falten ihres Kleides kunstvoll arrangiert, die linke Hand greift nach hinten ins halblange Haar, in der rechten Hand hält sie einen langen Palmwedel. Ihre Geburts- und Todesdaten sind in die Platte geprägt, die Inschrift beginnt mit dem Worten „no me llores", „weine nicht um mich", wie der Titel des Films, mit dem Madonna in den 1990er Jahren die junge Frau wieder auferstehen ließ, eine Frau aus der Arbeiterklasse, die ihr Volk mit ihrer Ausstrahlung verzauberte, über ihre soziale Stiftung die Armen beschenkte und zu Gunsten ihres Mannes manipulierte.
Dies ist der erste magische Moment der Reise für mich. Ich bin am Schauplatz eines historischen Ereignisses, über das ich am anderen Ende der Welt immer wieder gelesen und Details erfahren und mitgefühlt habe. Nach längerer innerer Einkehr (zum Glück bin ich die einzige, auf die dieser Ort einen besonderen Eindruck macht, so habe ich etwas Zeit und Raum), folge ich dem Reiseleiter, der gerade die Geschichte einer anderen Grabstätte erzählt. Vor einem katholisch anmutenden Gebäude mit Spitzbögen, die lange Glasfenster begrenzen, befindet sich auf einem mit Gras bewachsenen Steinpodest eine schlanke langhaarige Frauenfigur, die einem neben ihr sitzenden großen Hund mit goldener Schnauze den Kopf

tätschelt. „Dieses junge Mädchen ist die Tochter eines Mafiabosses. Sie liebte es, in den Schweizer Bergen Ski zu laufen, sie ist in einer Lawine gestorben. Ihr Vater hat sie hier mit ihrem geliebten Hund verewigt."

Das nächste Ziel unserer Stadtrundfahrt ist La Boca, das alte Hafenviertel der Stadt, über das ich gelesen habe, dass es ein Zentrum von Kleinkunst, Tango und Fußball ist. Auf dem Weg dorthin passiert unser Bus die Plaza de Mayo, und ich kann die Front des Präsidentenpalastes, der Casa Rosada erkennen, auch Evitas Balkon.

Der gestrige Nachmittag verlief nicht ganz nach Plan. Das Einchecken im Schiff hatte bis 15 Uhr gedauert. Danach war ein Nachmittagsschlaf unbedingt nötig, aus dem ich peinlicherweise von einem eifrigen philippinischen Kabinensteward mit Willkommenspralinen gerissen wurde. Jetzt war ich gar nicht mehr motiviert, mich auf den komplizierten Weg aus dem Hafengebiet zu machen mit der Aussicht, auf dem Weg in die Innenstadt mit Senf bespritzt zu werden. So habe ich leider die Stadt nicht selbständig erkunden, die Plaza de Mayo nicht zu Fuß umlaufen können. Also muss ich mich mit dieser Stadtrundfahrt, geleitet von einem kenntnisreichen, intelligenten Reiseführer, zufriedengeben.
Die nördlichen Stadtteile von Buenos Aires sind elegante Viertel der Wohlhabenden, die Straßen sauber, die Gebäude mehrstöckig, mit breiten steinernen Fronten im Stil vom Paris des beginnenden 20. Jahrhunderts. Die Zeit ihrer Entstehung war die Ära der reichen Viehzüchter, des florierenden Handels. Notleidende Europäer, die für ein besseres Leben auswandern wollten, entschieden sich zu der Zeit entweder für die USA oder für Argentinien, beides Länder, die Wohlstand versprachen.
Die indianische Bevölkerung wurde im sogenannten Wüstenfeldzug Ende des 19. Jh. fast vollständig ausgerottet. Nur im Nordwesten gibt

es noch Nachfahren alter Inkakulturen, die Coya-Indianer. Heute leben in Argentinien überwiegend Kreolen, die Nachfahren der bereits in Amerika geborenen Spanier, Mestizen, dazu die Nachkommen der europäischen Einwanderer aus Polen, Italien, Deutschland und dem Nahen Osten. Den größten Eindruck haben die Italiener hinterlassen, besonders beim Essen, überall gibt es Pasta und Pizza. Sonst isst man traditionell Fleisch und Salat.
Während ich den Erklärungen des Reiseleiters zuhöre, betrachte ich die Menschen, die an Bushaltestellen oder Bahnhöfen warten, sie machen in ihrer Kleidung und Haltung einen sehr europäischen Eindruck. Gepflegte Parks und weiträumige Alleen bestimmen diesen Teil der Stadt. Aber da – an einer Straßenkreuzung sehe ich ihn, den Cartonero, nach dem ich Ausschau gehalten habe. Ein älterer schlanker Mann mit blauer Kappe, khakifarbener langer Hose, hellblauem langärmeligen Hemd und Turnschuhen schiebt einen Einkaufswagen aus einem Baumarkt vor sich her, gefüllt mit zusammengelegten Kartons. Über die Cartoneros hatte ich schon zu Hause gelesen, das sind Altpapiersammler, oft gehörten sie zur Mittelschicht, bevor Anfang der 2000er Jahre breite Bevölkerungsschichten verarmten. Die Cartoneros suchen nach verwertbaren Materialien, ziehen mit Supermarktkarren durch die Straßen, um Kartons und Pappe zu sammeln. Inzwischen sind viele in Gruppen organisiert und arbeiten mit Betrieben, in denen Altpapier anfällt, und der Stadtverwaltung zusammen.
Die Atmosphäre der Stadt verändert sich, je weiter wir nach Süden kommen. Auf einmal ist viel Raum da, die steinernen Prachtbauten haben sich zurückgezogen. Eine weite Rasenfläche erscheint, dahinter zeigt sich das Halbrund eines Fußballstadions, unten gelb, in den Etagen mit den Tribünen königsblau gestrichen, darüber das Wappen mit den Buchstaben CABJ, Club Atlético Boca Juniors.
Ich bin ergriffen. Wie oft habe ich diesen Namen von Fußballkommentatoren gehört. Dies ist die Heimat eines der beiden weltbekann-

ten Clubs von Buenos Aires, der mit dem geringeren Vermögen, dem sozial schwächeren Publikum, der leidenschaftlicheren Mannschaft. Später sollen wir auch am Stadion des Konkurrenten River Plate vorbeifahren, einem hellgrauen Gebäude mit aufdringlicher Coca-Cola-Werbung auf der gesamten Tribünenfläche.

„Nein, Lionel Messi ist nicht von Boca Juniors, der ist gleich als Jugendlicher vom FC Barcelona geholt worden, hat dort seine Ausbildung bekommen und seine ersten Erfolge gehabt, aber Maradona ist von hier," erklärt Alejandro der Reiseführer auf die Frage eines Mitreisenden. „Dieses Stadion liegt im Bereich des alten Hafens der Stadt, La Boca eben, der Mund. Schauen Sie auch nach links auf die einfachen Gebäude, selbst die Wände sind aus Wellblech. Und gleich sehen Sie rechts auf den Außenwänden des Stadions Gemälde mit Motiven aus der Geschichte der Stadt."

Viele Maler haben sich hier verewigt, ich entdecke Gemälde, alle in den Farben Blau, Gelb, Weiß und Schwarz gehalten mit Motiven aus der Geschichte der Stadt: einem Tango tanzenden Paar vor einem Flügel, einem Feuer, aus dem ein Helfer eine blasse Meerjungfrau rettet. Auf einem Karnevalswagen vergnügen sich maskierte, fast barbusigen Frauengestalten, im Hintergrund Männer, einige als Tiere verkleidet oder mit den typischen Kopfbedeckungen europäischer und asiatischer Nationen. Die Fußballmannschaft von Boca Juniors – Kenner würden sicherlich einige berühmte Spieler ausmachen –, spielen Bandoneons oder Gitarren, gruppiert um einen Pianisten. Geflügelte Gestalten, engelsgleich oder teuflisch, umringen einen gigantischen blaugelben Fußball. Vom Bug eines Schiffes aus richten Familien den Blick auf das Meer, im Hintergrund die Statue der römischen Wölfin.

Hier hätte ich gern mehr Zeit verbracht, um am Stadiongebäude umherzuschlendern, die Bilder in ihren Einzelheiten auf mich wirken zu lassen. Dies müssen dann die zahlreichen Fotos leisten, die ich zum Glück aus dem langsam fahrenden Bus machen kann.

An einer Ecke ein Kiosk mit dem Werbeschild über dem Eingang „Maxikiosco Bocamania", der Bus biegt in eine mit unregelmäßig großen Steinen gepflasterte Straße ein, die von bunten ein- oder zweistöckigen flachen Gebäuden gesäumt ist. Die senkrecht mit Wellblech verkleideten Außenfassaden sind sorgfältig königsblau, currygelb, türkis oder rostrot gestrichen, Balkone und Balkonmöbel mutig farblich kontrastiert, einige Fassaden zeigen mannsgroße Graffiti, in der gelb gestrichenen *Casa Amarilla* verkauft man Kunsthandwerk, selbst hergestellte Lederwaren, es gibt eine kleine Cafeteria. Ich erstehe einen Kaffee mit Gebäck und wechsele bei der freundlichen älteren Dame an der Kasse meine Dollarscheine. Ich möchte aus jedem bereisten Land einige Geldscheine mit nach Hause bringen. In Argentinien ist dies nicht ganz so einfach, weil die dortige Währung sehr inflationsanfällig ist, manchmal von einem Tag auf den anderen beträchtlich an Wert verliert und daher viele Geldgeschäfte mit US-Dollars abgewickelt werden. Den Rest meines argentinischen Geldes (und einige Dollars) schenke ich später dem Busfahrer.
Wenig, zu wenig Zeit haben wir an diesem Ort, einem Viertel der Künstler und Tänzer, der Cafés und Schaulustigen, weniger Europäer als Südamerikaner sind zu sehen, es sind die Karnevalstage und ich höre viel Portugiesisch in den Straßen, Brasilianer besuchen die Stadt. Caminito heißt diese Straße, an den Häuserwänden steinerne Bilder mit Tango tanzenden Figuren, Straßenverkäufer präsentieren Ölgemälde mit Motiven des Viertels.
Ein kleiner Mann in Sportanzug und blauem Shirt verkauft mir strahlend ein Gemälde des *Caminito*, es sei ein echtes Kunstwerk, versichert er mir. Ich frage, ob er es gemalt hat, nein nicht er, sondern ein Freund, aber hier sei der Beweis – er zeigt mir ein Zertifikat auf der Rückseite des Bildes, das eine echte Unterschrift aufweist. Ich bin mir nicht sicher, wie wichtig dieses Zertifikat für mich sein soll, aber Carlos der Verkäufer ist so glücklich, dass er für ein Foto das

Bild stolz präsentiert. Dieses Bild wird mich an einen ergreifenden Moment erinnern, ich weiß, wie viel Armut in Argentinien herrscht und die fünfundzwanzig Dollar sind sicherlich ein kleines Vermögen für ihn an diesem Tag.
Ich nehme mir vor, wann immer es geht, Souvenirs zu kaufen. Die Menschen brauchen die Einnahmen und verglichen mit den Kosten für die Reise sind die Ausgaben für mich nur kleine Beträge. Leider denken nicht viele meiner Mitreisenden so, in den nächsten Wochen werde ich immer wieder wohlhabende Touristen sehen, die mit Verkäufern feilschen und dann doch nicht kaufen, die nicht empfinden können, was für den Verkäufer hinter einem solchen Handel steht.
Es bleibt noch Zeit für einen der berühmten frischen Säfte an einer Bar, neben Orangen, Äpfeln, Ananas und Bananen stehen auch Campari, Cachaça, Rum und Wodka, ich frage die junge dunkelhaarige Verkäuferin mit der dunkelumrandeten Brille nach ihrem Lieblingssaft. „Mango", sagt sie, Mangosaft mag sie am liebsten. Mango hat sie aber gerade nicht, also mixt sie für mich einen Orangen-Ananasmix mit etwas Banane zum Süßen. Beim Trinken beobachte ich ein Paar, das ausladende Tangoschritte nach unhörbarer Musik vorführt, einige Schaulustige werfen Geld in einen Becher. Der Tänzer trägt einen schwarzen Hut und ein schwarzes Jackett, aber darunter weißschwarz karierte, knapp zum Knie reichende Boxershorts, während das Kostüm der Dame, sie ist stark geschminkt, mit streng zurückgestecktem Haar, und trägt einen roten Rock, eine schwarze Spitzenbluse und Netzstrümpfe, mehr meine Erwartungen erfüllt.
Hinter den Tanzenden erkenne ich an einer Hauswand das Konterfei dreier strahlender CABJ-Fußballer darüber die Namen *Riquelme-Maradona-Tevez*.
Ich bin noch nicht so geübt im schnellen Erkennen und Speichern von Eindrücken, im Tempo, das Kreuzfahrttouristen auf Landgang

an den Tag legen müssen, wenn sie vieles intensiver erleben wollen. Wenig Zeit war hier für viel Farbenfrohes, vermutlich wenig Ursprüngliches, trotzdem ein eindrucksvoller Stopp, aber keine Gegend, die ich noch einmal sehen müsste. Wir sind gewarnt worden vor den allgegenwärtigen Taschendieben, dies behinderte ebenfalls das unmittelbare Erleben, zu vorsichtig hielt ich Abstand zu den meisten Passanten.

Mein einziger Tag in Buenos Aires soll mir auch ein Pampa-Erlebnis bieten, daher habe ich eine kombinierte Stadtrundfahrt mit einem Aufenthalt auf einer der großen alten Estancias gebucht. Die Fahrt aus Buenos Aires geht nun nach Norden, in den Bereich der Pampa Húmeda, der feuchten Pampa. Ich habe eine trockene Steppenlandschaft erwartet und bin erstaunt, als ich die grüne Landschaft betrachte, weite Wiesen geschmückt mit den Wedeln der hohen Pampasgräser, die weidenden Gruppen von Rindern, hohe Bäume, die die einzelnen Bereiche begrenzen. Weites Land.
Unser Reisebus erreicht die *Estancia Santa Susana* in *Las Cardales*, auf Deutsch „die Disteln", ein Ort etwa 75 km von der Hauptstadt entfernt. Die staubige Seitenstraße endet in einem gepflegten, gemähten, sattgrünen Wiesenbereich, auf einem erdigen Parkplatz stehen bereits drei Busse. Das weiße Tor zum eigentlichen Landsitz der *Estancia* glänzt einladend, beim Aussteigen begrüßt uns ohrenbetäubendes Krächzen. Ich schaue hinauf in die Bäume, die das weitläufige Grundstück beschatten, wirklich hohe Bäume, es sind auch Araukarien dabei, prächtige Nadelbäume, deren urwüchsige Formen ich letztes Jahr im Bonner Botanischen Garten bewundert habe. Gelbgrüne Vögel schwirren in den Baumkronen, nur auszumachen, wenn sie von Ast zu Ast fliegen, ihr Krächzen scheint von überall her zu kommen. Ich freue mich und stolpere hinter meinen Mitpassagieren her, bestaune, nach oben schauend, das Wunder dieser Vögel. Der Weg endet an einem Wachhäuschen, links liegt

ein kleiner Shop. Hinter dem Tresen lächelt mir ein alter Mann, eingekleidet als Gaucho, (dreieckiges Halstuch, Kappe, Gürtel) zu. Frauen in traditioneller Bekleidung reichen den Ankömmlingen *Empanadas*, in Servietten gewickelte Teigrollen, ich beiße hinein, köstlich, warm, frisch, mit würziger Fleischfüllung. Den angebotenen Rotwein lehne ich ab.
Weitläufige Wiesen, rechts ein überdachter Unterstand, von dem es rauchig duftet, nach Fleisch, nach Grill. Ich schaue kurz hinein, auf einem riesigen Grillrost brutzeln ganze Hühner, aufgeschnitten, ausgebreitet auf dem Rücken, große Stücke Rindfleisch, Koteletts, Würste. Ich drehe mich weg, diese Fülle von tierischer Energie erschreckt mich. Auf der linken Seite gibt es einen offenen Stallbereich, in dem kleine kräftige Pferde die Besucher beschnuppern, sie einladen zum Streicheln. Ihr braungescheckt es, cremefarbenes oder hellbraunes Fell glänzt in der Sonne, es ist heiß wie im deutschen Sommer. Schaut man über die weite Landschaft so sieht man grüne Sojafelder, Buschland, dessen Büsche höher ist als unsere, aber sonst weites Land, wie in Ostfriesland, aber fruchtbarer, Bäume und Sträucher, weite Wiesenebenen, Pampasgras in der Ferne. Pampasgras wächst nur auf den nicht bewirtschafteten Flächen, vom Bus aus zwischen den Ländereien der kleine Höfe überall zu sehen, hohes Pampasgras, vereinzelt in unseren Gärtnereien als Zierstrauch zu finden, hier ein Meer davon, unterschiedlich hoch, die flaumigen Wedel wiegen sich wie Wellen im Wind.
Mich zieht es zu den offenen Kutschen, ich sehe einen Gaucho als Kutscher, gekleidet in weißes Hemd und helle Hose, hohe Stiefel, schwarzes Barett, schwarzweißes Dreiecktuch. Ich klettere auf die klapprige Bank an der Seite, die Kutschfahrt führt über trockenes Grasland. Die anderen Reisenden auf den Kutschbänken machen sich bekannt, als ob sie Tage auf der Kutsche zusammen verbringen wollen. Dadurch verpassen sie das, was ich sehen kann: Pflanzen, zwitschernde Vögel, den Kutscher und die Pferde, eins weiß, eins

braun, er lächelt, trägt eine Machete hinten im Gürtel. Ich bin glücklich, dass ich mir diesen Moment endlich, so spät im Leben, geschenkt habe. Die Gauchos, die Pampa, einer der Zaubermomente der Reise, der zweite nach Evitas Grab.
Der Duft vom riesigen Grill schwebt bis zu der weißen Bank unter einer Palme, auf der ich die Glocke, die das Signal zum Essen geben soll, abwarte. Ich habe in dem an den riesigen Essenssaal angrenzenden Hofladen ein Buch über diese Region hier gekauft, *La Pampa* (Monica Gloria Hoss de la Comte), ich blättere in der spanischen Version. Und ich vergleiche die Illustrationen mit dem Arrangement der Gebäude dieses Anwesens. Erkenne den neugierigen kleinen Vogel von der Kutschfahrt, das war ein *Tero-tero*, ein mittelgroßer Vogel mit einem Schopf wie eine Bachstelze, rotem Schnabel und weißblauschwarzem Gefieder, der gern mit Pferden zusammenlebt.
Der Shop am Eingang stellt eine traditionelle *Pulpería* dar, Bar und Gemischtwarenladen in einem, Treffpunkt der Gauchos und Bewohner des Ranchos, in dem der Wirt, durch ein Gitter vor Betrunkenen und Räubern geschützt, Lebensmittel, Tabak, Zuckerrohrschnaps und Wein verkaufte. Eine Gitarre hing immer an der Wand, man sang Lieder von Liebe und Heldentum, man tauschte Neuigkeiten aus, empfing und verschickte die Post. Hier traf man sich nach langen einsamen Wochen bei den Tieren in der Pampa.
Ich trete durch die geschwungenen Türen im eleganten niedrigen Wohnhaus der Großgrundbesitzer, verwundert über die Pracht der Möbel, der schweren farbenfrohen Textilien, der leuchtenden Barockstühle, der mit rotbraunem Holz getäfelten Kapelle mit goldenem Kruzifix, das ebenfalls goldene Engel umschweben.
Die Glocke, die zum Essen ruft, ist auf dem gesamten Anwesen zu hören.
Im Eingangsbereich des licht überdachten, riesigen, mit Holzvertäfelungen und gekachelten Wänden geschmückten Speisesaals

finde ich alte Küchengeräte, Regale, Waschbecken, einen Herd. In einer Ecke steht eine Miniatur-Sitzgruppe, ich sehe einen runden niedrigen Tisch und drei kleine Sitzgelegenheiten, die entfernt die Form von Stühlen haben. Nähergekommen, erkenne ich: Diese Stühle sind aus Tierknochen gebaut. Die Sitzfläche bildet der Schädel eines Rindes, einzelne kräftige Knochen aus Rindergebeinen sind durch Stricke so verbunden, dass sie Ränder für die Sitzfläche und eine angedeutete Lehne bilden. Darüber las ich zu Hause in einem Roman über Uruguay: Die Menschen, die das nordwestliche Uruguay im 19. Jahrhundert bewohnten, lebten in Zelten und saßen auf Rinderschädeln um eine offene Feuerstelle. Pferde waren ihr Fortbewegungsmittel und ihr Stolz. Erst zur Zeit der ersten europäischen Einwanderer erfuhren sie von den festen Häusern mit Kochherden in den Küchen, die es in der Hauptstadt schon länger gab.

Hunderte von Gästen haben sich eingefunden, Chinesen, Engländer, Amerikaner, Brasilianer, spanisch sprechende Gäste, es ist Sonntag und dies ist offensichtlich ein internationales, aber auch lokales Ausflugsziel.
Gutaussehende junge Männer servieren große, dicke Scheiben Rindfleisch, fast durchgebraten, nur noch leicht rosa. Es ist überraschend zart, unglaublich saftig und einfach ein unvergleichlich sinnlicher Genuss, der Duft, das samtige Fleisch, tropfend von braunem Fleischsaft, das Messer gleitet so sanft hindurch wie die Zähne. Die Blutwurst und Chorizo, Paprikawurst, die danach serviert werden, schmecken sicherlich besser als sie aussehen, vor dem tropfenden Fett scheue ich jedoch zurück. Rotwein und Wasser schenken hübsche junge Frauen nach, Tischgespräche sind nicht nötig. Nach dem süßen Nachtisch aus Milchcreme spielt ein Gitarrist zum Tanz auf, die Gäste machen mit, es herrscht eine gastfreundliche, entspannte Atmosphäre, draußen sieht man Bänke auf den Wiesen, schattenspendende Palmen und spielende Kinder.

Die Aussichtsbänke beim Pferdeplatz hinter dem Restaurant füllen sich langsam mit Schaulustigen. Im Hintergrund, hinter einer Baumgruppe, galoppieren wie aus dem Nichts Dutzende von kleinen kompakten Pferden herbei, nicht die, mit denen vorher geritten wurde, sie sammeln sich in einem Gehege, aus dem plötzlich drei als Gauchos gekleidete Reiter stürmen. Alle Pferde rennen einige Minuten auf dem Platz herum, die Gauchos zwischen ihnen, die Männer pfeifen und die Pferde reagieren für die Zuschauer unmerklich auf die Signale. Nach einiger Zeit trennen sich die Pferde in eine Gruppe von hellen, eine von braunschwarzhell gefleckten und eine Gruppe von braunen Pferden, immer im Kreis herumgaloppierend, jeweils begleitet von einem Gaucho. Zum Schluss nehmen die Pferde die begeisterten Rufe der Zuschauer, vor deren Bänken stehend, stolz entgegen. Sie nehmen ihren Galopp wieder auf und verschwinden in der Ferne hinter einigen Baumgruppen.
Erst auf der Rückfahrt - viele Gäste liegen ermattet von Fleisch, Wein und Hitze in ihren Sitzen -, erzählt der Reiseleiter die Geschichte der argentinischen Gauchos und ihrer Tiere. Die spanischen Eroberer brachten im Jahr 1580 Pferde mit, eine Rasse aus Andalusien. Diese Pferde vermehrten sich in der Pampa und verwilderten. Ebensolches geschah etwas später mit aus Europa mitgebrachten Rindern, das Vieh lebte frei in der Pampa und hatte nur verwilderte Hunde, die Wolfscharakter angenommen hatten, als Feinde. Die Pampa wurde von italienischen, deutschen und anderen europäischen Einwanderern dünn besiedelt. Im 16., 17. und zu Beginn des 18. Jahrhunderts lebten die Menschen mit den wilden Tieren, *ganado cimarrón*, zusammen und brachen immer wieder zu großen Jagden auf, denn Leder und Fleisch wurden bald zum Ausfuhrartikel. Man beutete auch die Salinen in Küstennähe aus, denn man brauchte Salz, um das Fleisch haltbar zu machen.
Indios aus den Kordilleren und aus Chile griffen die Siedler immer wieder an, einige Stämme jedoch koexistierten friedlich mit ihnen

und lebten vom Tauschhandel. Im Jahr 1879 wurde ein großer Feldzug begonnen, der mit der Ausrottung der meisten Indios endete. Die großen Herrensitze blieben, die reichen Viehzüchter bildeten das wirtschaftliche Rückgrat des Landes. Die Gauchos jedoch wurden *peones*, einfache Vieharbeiter, Angestellte der jeweiligen Gutsbesitzer. Das romantische Leben der ursprünglichen Gauchos, meist Abkömmlinge spanischer Einwanderer, die, als die Pampa noch keine Zäune hatte, als freie Viehtreiber, Spurensucher oder Führer durch die wüstenähnliche Landschaft lebten, deren Ernährung oft nur aus Fleisch und Mate bestand, deren Lieder über Einsamkeit und Freiheit eine der bedeutendsten Traditionen des Landes formten, war mit der Einführung der *Estancias* als umzäunte Eigentumsgebiete vorbei.

Auf dem Schiff laufen schon die Vorbereitungen für das Ablegen an diesem Abend. Vor dem Ablegen müssen alle Passagiere eine Rettungsübung durchmachen. Der Kapitän kündigt diese Übung über den Kabinenlautsprecher an. Ich ziehe Jacke und Kappe über (wir sollen uns dem Wetter entsprechend anziehen, ich finde es kühl, später muss ich über das Foto des Bordfotografen lächeln, so entschlossen sehe ich aus), schwinge meine Schwimmweste über die Schulter, durchquere Gänge, steige Treppen hinauf wie Dutzende andere Passagiere und es gelingt mir, den Platz unter dem für mich vorgesehenen Rettungsboot zu finden. Ein Crewmitglied hakt die Namen aller Reisenden ab (das elektronische Zählen funktioniert aus unbekanntem Grund nicht), der Mann erklärt das Anlegen der Schwimmweste, dann warten die Gäste dichtgedrängt auf den Kapitän, der im Vorübergehen jede Gruppe mit ein paar freundlichen Worten bedenkt. Noch sind die Kreuzfahrer nicht eingespielt, es fehlen acht Gäste. Diese müssen während der Essenszeit die Zeremonie nachholen. Alles hat seine Ordnung, wie es sich auf einem deutschen Schiff gehört.

Es ist kurz nach achtzehn Uhr. Ich betrete mit einem beklommenen Gefühl das Bordrestaurant. Ein Servicemitarbeiter begrüßt mich zurückhaltend. Zweiertische, Vierertische, einige runde größere Tische sind festlich eingedeckt. Was soll ich tun? Allein an einem Zweiertisch zu Abend essen? Für einen Abend kein Problem, aber für die dreiundzwanzigtägige Kreuzfahrt ist mir diese Variante eindeutig zu einsam. Aber ich habe Glück. Ich höre eine Männerstimme: „Also, ich bin allein. Wohin kann ich mich setzen?“ Der ältere Herr mit Gehstock und wachen Augen hat scheinbar mehr Kreuzfahrterfahrung als ich. Der Ober nickt, führt ihn zu einem nahegelegenen runden Tisch in einer Nische und bemerkt, dies sei ein Tisch für Alleinreisende. Ich schließe mich gleich an, wir stellen uns einander vor, leider klingen unsere Nachnamen auch noch sehr ähnlich. Die Irritation verschwindet jedoch schnell, als sich mehrere Mitreisende in den nächsten Minuten zu uns gesellen.
Viel wird über Erlebnisse früherer Kreuzfahrten gesprochen, der ältere Herr erzählt von seinem ersten Aufenthalt auf der *Plaza de Mayo*, wo ein vorbeifahrender Radler ihm seine zum Fotografieren gezückte Kamera vom Gesicht wegriss. Am letzten Abend hat es wohl ein ähnliches Erlebnis gegeben: Zwei Paare von unserem Schiff wurden von einer Männergruppe auf dem Weg vom Hafen zur Stadt beraubt, besonders den Herren wurde alles weggenommen, wie eine Mitreisende erregt berichtet. Jacken, Schuhe, Bordausweise, alles. Ich verabschiede mich innerlich von Argentinien mit gemischten Gefühlen: auf dem Flughafen, in den wenigen Geschäften, die ich besucht habe, herrschte ein recht rauer Ton, und die Befürchtungen, am hellichten Tage beraubt oder anderweitig überfallen zu werden, haben die schönen Eindrücke ziemlich beeinträchtigt. Wirklich willkommen habe ich mich hier nicht gefühlt.

In den nächsten Wochen werden wir in dieser Konstellation an den meisten Abenden zusammen essen, mit allen Vor- und Nachteilen, die eine solche zufällig zusammengewürfelte Gruppe zu bewältigen hat. An diesem ersten Abend aber freuen wir uns über den aufmerksamen Service und die kunstvoll angerichteten Speisen aus hervorragenden Zutaten und fantasievollen Rezepturen. Gemeinsam beschließen wir den Abend in Buenos Aires auf dem Panoramadeck: Bei untergehender Sonne legt unser Schiff aus Buenos Aires ab. Ich nehme zum ersten Mal unsere typische Auslaufmelodie wahr, wie emotional ich diese Melodie noch erleben sollte, kann ich an diesem Abend noch nicht wissen. Das Schiff gleitet in den Rio de la Plata hinaus, die braunen Wassermassen des Flusses erscheinen uferlos in der Ferne. Ich kann nachvollziehen, warum der Seefahrer Magellán bei seinem Versuch der Umrundung Südamerikas angenommen hat, es handele ich um eine Meerespassage und seinen Irrtum erst erkannte, als seine Mannschaft Süßwasser aus dem Strom schöpfte.

Als ich am Abend aus dem Fenster meiner Kabine auf Deck 5 auf den dunklen, in beunruhigender Nähe vorbeirauschenden Rio de la Plata schaue, stelle ich beruhigt fest: Ich habe die wichtigen ersten Situationen erfolgreich durchgestanden.

Nun kann ich mich dem Fernsehprogramm widmen. Vielleicht gibt es ein paar interessante spanischsprachige Sender oder BBC World? Ich strecke mich auf dem bequemen Sessel meiner Kabine aus und experimentiere mit der Fernbedienung. Erstaunt stelle ich fest, dass auf dem eindrucksvollen Bildschirm nur Infoprogramme, Spielfilme aus den achtziger Jahren und ein Download der aktuellen Tagesschau zu sehen sind. Es ist immer noch Dienstag, der 25. Februar. Ich habe keine Zeit für die Tagesschau. Sonst hätte ich erfahren, dass ein Hotel auf Teneriffa wegen Corona in Quarantäne gehen musste, dass es einen ersten Corona-Fall in Baden-Württemberg gibt.

KAPITEL 3

Die Hügel von Uruguay

26. Februar 2020

1

Es ist 6 Uhr 15. Draußen ist es schon hell, nah an meinem Kabinenfenster rauscht der braungelbe Rio de la Plata vorbei. Ich muss mich beeilen, heute Morgen fahren wir in den Hafen von Montevideo ein. Diese Einfahrt darf ich auf keinen Fall verpassen, denn ich möchte den Berg sehen, den Berg, den es gar nicht gibt nach Meinung der Schriftstellerin Carolina de Robertis[1], deren Roman über die Geschichte dreier Generationen von Frauen in Montevideo ich zur Vorbereitung auf diese Reise gelesen habe. Ihre Figur *Pajarita,* eine junge Frau mystischer Abstammung aus der Pampa im Westen Uruguays, heiratet zur Zeit des ersten Weltkriegs einen italienischen Einwanderer und siedelt ins städtische Montevideo um. Sie behauptet, es gebe keinen Berg in Montevideo.

Dagegen ist überliefert, dass der portugiesische Entdecker Magellán, als er im 16. Jahrhundert auf der Suche nach einer Durchfahrt nach Westen den Rio de la Plata durchsegelte, ausrief: „Monte vide eu!", also: „Ich sehe einen Berg!", und dass die Stadt von diesem Ausruf ihren Namen erhielt.

Ich werfe mir die Kleidung vom Vortag über, dazu meine blaue Windjacke und mein grüngebatiktes Tuch, denn es sieht sehr windig aus draußen, lege Lippenstift auf für diesen besonderen Tag und eile die Treppen nach oben. Auf dem Panoramadeck angekommen erblicke ich wenige Kreuzfahrtgäste, die dem Land schon so früh die Ehre erweisen und erlebe mit, wie der Bug des Schiffes auf die

in der Ferne auftauchende Hafeneinfahrt zusteuert. Tatsächlich erhebt sich auf meiner linken Seite ein Berg, eher ein Hügel, scheinbar auf einer Insel gelegen, die die Hafeneinfahrt schützt, auf der rechten Seite ist ein ausgedehnter Küstenstreifen mit städtischer Bebauung zu sehen.
Uruguay ist einer meiner Sehnsuchtsorte. Das war nicht immer so. Bis ich einige Zeit vor meiner Reise einen sehr eindrucksvollen Traum hatte, der mich lange beschäftigte:
Ich sitze am Rande einer sanften Hügellandschaft, wie grasgrüne Wellen erscheint das Land vor meinen Augen, ich blicke nach Westen, von wo das abendliche Licht die Szene erhellt.
Auf meinem Hügel, östlich neben mir, steht ein verfallenes Gebäude aus grauweißem Stein, niedrig, nur etwa mannshoch. Die Tür ist nur eine Öffnung im Stein. Ich weiß, ich bin in Uruguay. Friede, Ruhe erfüllt mich. Den Blick in die Ferne. Ruhe, Frieden, Glück, meine letzten Momente?

Beim Aufwachen war ich erstaunt damals. Uruguay? Mit dem Land verband ich nicht viel. Es ist nicht tropisch, hat keine sonderlich interessante Tierwelt, soweit ich bis dahin wusste. Pampa, Fußball, Pferde, Rindfleisch. Uruguay war nie Ziel meiner Reisepläne. Aber dieser Traum ließ mich nicht los. Ich begann, über das Land zu lesen. Ich fand heraus, dass es ein gutes Land für Reisende ist, nicht gefährlich, gastfreundlich, mit europäischem Klima. Wein, Estancias. Aber so weit entfernt!
Eine weitläufige Bekannte kommt mit Berichten über angenehmes Fortkommen und freundliche Menschen aus dem Land zurück. Mein Traumland Brasilien überlagert einige Jahre lang die Sehnsucht nach Uruguay. Es ist noch zu früh.
Dann finde ich die Werbeanzeige für diese Südamerika-Kreuzfahrt, mit der ich Argentinien, Uruguay und Brasilien besuchen kann. Als ich mich für die Reise entscheide, habe ich meinen Traum im Kopf.

Das Kreuzfahrtschiff wird drei Tage in Uruguay bleiben, davon zwei ganze Tage in Montevideo, die Abreise soll erst um 23.00 Uhr am zweiten Tag beginnen. Danach einen Tag in *Punta del Este*, mit Abreise um 18.00. Ich möchte die Landschaft aus meinem Traum suchen. Finde ich diese ländliche, ruhige Szenerie? Ist das Land friedlich, freundlich, geeignet für die letzten Tage, die letzte Reise? Oder ist der Traum symbolisch zu deuten, gleicht die Landschaft des Traumes der meiner Heimat in den deutschen Mittelgebirgen, liegt aber am Ende der Welt, also am Ende des Lebens?

Noch von zu Hause aus recherchiere ich Busverbindungen von Montevideo ins Landesinnere, durchforste Landkarten nach Hügellandschaften und komme zu dem Schluss, ich könnte solche Landschaften in der Nähe der Häfen, die wir anlaufen, finden. Alle Reisenden wollen *Colonia del Sacramento* sehen, eine der besterhaltenen alten Kleinstädte Südamerikas, dorthin gibt es regelmäßige Busverbindungen. Ich hätte wohl die Zeit, mich in diese Richtung, ins Landesinnere treiben zu lassen. Ich buche eine Übernachtung im Hotel Rivera, Direccion: Rivera 131, 70000 Colonia del Sacramento, Uruguay. Ich lese mit Erstaunen: *Pagarás a Hotel Rivera en USD según el tipo de cambio vigente el dia de pago.*[2] Als ich als Jugendliche begann, spanisch zu lernen, um irgendwann einmal Südamerika kennen zu lernen, hätte ich nie gedacht, dass ich eines Tages in Sekundenschnelle direkt mit den Menschen dort kommunizieren könnte.
Ich bitte um ein ruhiges Zimmer und bekomme die Antwort: *Te daremos la habitación más tranquila que tenemos. Queda en planta alta. Quedamos a la orden por cualquier consulta.*[3] Man duzt einander.
Wenn ich es nicht rechtzeitig zurück zum Schiff schaffen sollte, kann ich das Schiff in Punta del Este am nächsten Tag erreichen. Das sollte kein Problem sein. Ich bin überwältigt von den Möglich-

keiten und von meinem Wagemut. Leider hält dieser nicht bis zu Beginn der Reise an. Ich storniere die Unterkunft dann doch, weil ich nicht riskieren will, zu spät zum Schiff zu kommen.

Soweit meine Vorstellungen bei der Vorbereitung der Reise. Diese Kreuzfahrt ist für mich besonders ungewohnt, weil sie mir die Freiheit, selbst über die Art und Dauer des Reisens zu bestimmen, im Wesentlichen nehmen wird. Dafür handle ich die Sicherheit ein, dass mir mein Koffer nicht auf einer staubigen Busstation gestohlen wird, während ich durch den Kauf eines Tickets abgelenkt bin oder dass ich Entfernungen falsch einschätze und mich bei Einbruch der Dunkelheit im Nirgendwo wiederfinde. Nein, ich habe mein Zuhause immer dabei, keine Gepäcksorgen und muss nicht einmal das lokale Essen testen. Schon werde ich wehmütig, das hat anderswo richtig Spaß gemacht. Also nutze ich die Reste von Freiheit, die die Reise mir bietet: Hier in Uruguay kann ich selbst auf Entdeckungsreise gehen, allein, mit der spanischen Sprache und meinen Erfahrungen als Individualreisende gerüstet.

Es ist kühl an Deck, das Meer ruhig, und ich betrachte die näherkommende Stadt. Unscheinbare mehrgeschossigen Gebäude begrenzen eine lange Promenade am Rio de la Plata. Einige Bauten in Art-Déco-Stil, jedoch mit grauen, fleckigen Fassaden, ergänzen das Bild. Im Hafenbecken findet sich eine große Menge von Schiffswracks – diesen Ausblick werde ich in den nächsten Tagen aus meiner Kabine haben.
Auf einem hohen rechteckigen Hafengebäude befindet sich ein Bild mit der Flagge Uruguays. Diagonale Streifen, leicht gewellt, in blau und weiß bilden den Hauptteil der Flagge. In der linken Ecke strahlt eine Sonne auf weißem Grund, eine Sonne mit einem Gesicht. Das Motiv erinnert mich an das sizilianische Motiv der dreibeinigen Sonne. Vielleicht ist dies ein Element aus der Einwanderer-

geschichte? Auch hier ist der Anteil der italienischstämmigen Bevölkerung hoch. Später erfahre ich, dass es sich um die sogenannte Inkasonne, die Sonne der Freiheit, handelt, die auch Teil der Flagge Argentiniens ist. Die Inschrift daneben: *Bienvenidos á Uruguay*. Ich bin angekommen.
Der Kapitän manövriert das Schiff zusammen mit dem Staff-Kapitän an die Kaimauer. Er überblickt die Steuerbordseite des Schiffes von der trapezförmigen Außenstation aus und legt bedächtig zentimetergenau an. Auf der langen Seite des Hafenkais stehen hintereinander die Ausflugsbusse bereit, schwarz-weiß-braunrot, die in Kürze Hunderte von Reisenden besteigen werden, die die kurze Zeit nutzen und die Stadt und die Umgebung besichtigen wollen. Ich habe mir vorgenommen, dies auf eigene Faust zu tun. Meinen ersten Hügel habe ich schon gesehen.

2

Auf dem Weg aus dem Hafenbereich passiere ich ein Kiosk mit gelb gestrichenen Wänden, einer blauen Markise und mit Namen *Terminal Montevideo*, davor leere Plastikstühle und kleine runde Tische. Später, wenn ich ein Gefühl für die uruguayischen Pesos bekommen habe, werde ich feststellen, dass der Preis für einen Kaffee dort ungefähr das Fünffache ausmacht von dem im Stadtzentrum.
Ein großes Gebäude am Hafenausgang beherbergt die Touristeninformation, über deren Eingang eine riesige aufgespannte Textilleinwand eine Gitarre und eine stilisierte menschliche Figur zeigt mit dem Werbespruch: „Der Tourismus ist Arbeit, und der Tourist ist ein Freund ..." *(UruguayNatural)*[4]. Ich bin konsterniert. Muss man dies den Menschen hier vor Augen halten? Sind sie nicht von sich aus touristenfreundlich?

Ich probiere bei der Angestellten aus, ob ich das spezielle uruguayische Spanisch verstehe und bin begeistert, als die Verständigung gut funktioniert. Ich erfahre, dass es mehrere Busbahnhöfe gibt und wo sich die Bushaltestelle des städtischen Busses, der mich zur zentralen Busstation für die Überlandbusse bringt, befindet, und ich nehme einige Prospekte mit Ansichten der Naturschönheiten des Landes und der Geschichte des Tangos mit. Ich frage, wo ich eine Tangovorführung sehen kann. Die nette Angestellte schaut etwas verlegen und weicht aus. Sie verweist mich auf das Tangomuseum. Ich vermute, dass ich als allein reisende ältere Frau wohl sehr ungewöhnlich in einem Tangolokal aussehen würde.

Ich wandere durch die engen Straßen der Altstadt, die vom Hafen zum Stadtzentrum führen. Es wird zusehends heißer. Außer Souvenirläden gibt es eine Reihe von kleinen Fachgeschäften, Metzgereien, Apotheken, kleinen Hotels; dies ist offensichtlich ein Wohnviertel, dessen Geschäfte von dem täglichen Bedarf der Menschen hier leben. Neben einem kleinen Supermarkt, den ich auch in Europa finden könnte, erblicke ich ein Werbeschild mit den Umrissen eines Hanfblattes auf schwarzem Grund, in dessen Mitte die Sonne und die blauweißen Streifen aus der Flagge Uruguays zu sehen sind. Der Laden heißt *Tierraviva - Tienda de Cultura Cannabica*[5]. Ich habe gelesen, dass der Verkauf und Konsum von Cannabis seit einigen Jahren legal ist und freue mich an der einladenden Gestaltung des Schaufensters und der Normalität, mit der das bei uns so kontroverse Thema behandelt wird. (Mein Nachbar zu Hause raucht übrigens, ganz normal, jeden Abend einen Feierabendjoint auf seiner Terrasse.) Daneben finde ich ein liebevoll mit dem Foto eines Golden Retrievers gestaltetes Schaufenster mit der Aufschrift *Para tu mascota todo;* ich übersetze dies für mich mit „Alles für dein Maskottchen", Tierfreunde gibt es hier also auch.

In diesem Teil der Stadt beeindrucken mich die Barock- und Art-Déco-Fassaden, manche mit Steinfiguren verziert, mit hohen schmalen Fenstern beschattet von langen Fensterläden, andere sind farbig gestrichen. Wieder andere wirken erschreckend verwittert und ungepflegt. Einzelne Palmen, zuweilen recht zerfleddert, geben einen Kontrast zu den sandfarbenen oder gräulichen Mauern der größeren fast palastartigen Gebäude ab; Balkone, meist menschenleer und ohne Pflanzenschmuck, zieren die Fassaden.
Ich steige die *Via Peres Castellano* hinauf, biege dann in die *Calle Sarandí* ein und erreiche die *Plaza Constitución*. Hier geben lichte Platanen den Blick auf die Kathedrale frei, ein Café mit roten Stühlen und Tischen lädt an diesem sonnigen Vormittag zum Ausruhen ein. Es ist Teil eines besser erhaltenen Gebäudes, mächtig mit der Fassade, die Balkone mit Rundbögen zieren, weiße Pfeiler in zwei oberen Stockwerken begrenzen die prächtigen Fensterbögen.
Ich ruhe auf einer Bank an einem Kiosk aus. Ein älterer Mann setzt sich zu mir und wir sprechen ein paar nette Worte. Dann genießt er wie ich die Sonne.

Ich versuche nun, eines der typischen Probleme von Kreuzfahrtgästen zu lösen – ich brauche Geld in der Landeswährung. Ich habe mich informiert, dass meine Kreditkartenbank Filialen in der Stadt hat und deshalb und auch aus Angst vor Übervorteilung habe ich die Wechselstuben am Hafen links liegen gelassen. Jetzt suche ich eine Filiale der *Banco de Santander* und gerate dabei automatisch in das laute, lebhafte Stadtzentrum.
Ich sehe wenige Touristen. Die Menschen eilen hier wie in allen Großständen der Welt auf den Bürgersteigen entlang, um ihre Geschäfte oder Besorgungen zu erledigen. Bekleidet sind sie meist mit Jeans oder leichten Hosen, die Frauen manchmal mit bunten Blusen oder Kleidern oder auch im Businesskostüm, die Männer in saloppen Hemd-Hose-Kombinationen. Vor der *Farmacía San Roque*

sitzt ein bärtiger Musiker in kurzen Jeans und einem rotgebatikten Hemd mit der Aufschrift *Now or Never* hinter seinen *Candomblé*-Trommeln, die Passanten bleiben stehen und hören ihm zu. So früh am Morgen schon den typischen Musikstil des Landes geboten zu bekommen macht mich glücklich.

Auf der *Plaza Independéncia*, einem verkehrsumtosten Platz mit wolkenkratzerartigen Wohn- und Bürohäusern, wird ein riesiges Gerüst für eine Tribüne aufgebaut. In ein paar Tagen, so erfahre ich von einem Straßenverkäufer, wird es ein Fest zum Jahrestag der Befreiung Uruguays geben. Ich lese im Reiseführer nach. Vor zweihundert Jahren, also 1820, vertrieben die Truppen *José Gervasio Artigas* die portugiesisch-brasilianischen Truppen, die einen Teil Uruguays in den Wirren der Kämpfe um die Unabhängigkeit von den Kolonialmächten für einige Jahre besetzt hatten.

Im Zentrum des Platzes sehe ich ein Reiterstandbild des Freiheitskämpfers Artigas und erfahre aus meinem Reiseführer, dass die dreiunddreißig Palmen, die den kleinen Park in der Mitte des Platzes umgeben, für die 33 Kämpfer stehen, die durch einen Aufstand 1825 die endgültige Unabhängigkeit von der spanischen Regierung erkämpfen konnten.

Etwas weiter öffnet sich eine enge Fußgängergasse auf einen kleinen Platz, der mit bunten Stühlen und Bänken bestanden ist, dahinter prangt eine glatte meterhohe Wand, verziert mit einem farbenfrohen Gemälde: Ein tanzendes Männerpaar, von einer hellblauen Aura umgeben, mit Reifen in den Regenbogenfarben an den hochgereckten Armen, strahlt Freude und Leichtigkeit aus. Das Land hat eine sehr liberale Einstellung homosexuellen Paaren gegenüber, gleichgeschlechtliche Ehen sind hier erlaubt.

Uruguay als liberales Paradies? So ganz gefällt mir diese Einordnung nicht. Schon als ich mit dem alten Mann auf der Bank saß, habe ich mich gefragt, auf welcher Seite er in der Zeit der Militärdiktatur gestanden hat – war er ein Verfolger und Folterer der Tupamaros,

deren Mitglieder, Männer und Frauen, oft Studenten, teils mehr als ein Jahrzehnt in Foltergefängnisse weggesperrt wurden oder war er einer der Freiheitskämpfer oder gehörte zu deren Familien? Es war meiner Kenntnis nach kaum möglich, in den siebziger und achtziger Jahren nicht einer dieser beiden Seiten anzugehören. Das Land hatte zeitweise mehr politische Gefangene pro Einwohner als jedes andere Land der Erde.
Ich weiß noch, dass die Bewegung der Tupamaros in den siebziger Jahren ein Vorbild für die *Rote Armee Fraktion* in Deutschland war, und die Erinnerung an die Informationen über die Schreckensherrschaft der damaligen Militärdiktatur in Uruguay, die wir in Deutschland erhielten, ist für mich immer noch sehr bedrückend.

Im Hier und Jetzt schaue ich einem grauhaarigen Herrn mit silbernem Schnauzbart und hellblauem Troyer in meinem Alter zu, der an einem Straßenstand, an dem Halsketten ausgelegt sind, mit einem kleinen Messer an einem Medaillon schabt. Ich trete näher. Die Medaillons bestehen auf einer Seite aus einer alten Münze (mit einem Porträt von Artigas, natürlich) und auf der anderen Seite aus einer kleinen getrockneten Blüte auf hellblauem, ockerfarbenen, weißen oder roten Grund, abgedeckt von einer durchsichtigen Harzschicht.
Der Verkäufer erklärt mir, dass die Blüten aus seinem Garten stammen und er sie selbst trocknet, der Name der Blüte sei *Brisa*, wie die Meeresbrise. Auf meine Fragen antwortet er so detailliert, dass ich ihm dies glaube und zwei seiner Medaillons kaufe, nachdem ich ihn gefragt habe, welche Farben er für mich empfehlen würde. Er sieht die Medaillons noch einmal genau an, bevor er sie mir aushändigt (ich kann mit meinen letzten Dollars bezahlen) und arbeitet die Ränder mit einer kleinen Zange nach. Ich freue mich darüber, wie stolz er auf seine Arbeit ist, und er freut sich sichtlich über das Geschäft. Und mich beschleicht wieder der Gedanke an die Mili-

tärdiktatur. Auch er muss die Zeit der Militärdiktatur miterlebt haben.

Vier Straßen weiter soll die gesuchte Bankfiliale sein. Auf der Avenida 18 de Julio beginnt der Verkehr trotz des frühen Vormittags sehr dicht und hektisch zu werden. Die Häuserblocks ziehen sich hin, irgendwann bin ich schon auf der anderen Seite der Innenstadt und finde endlich eine große Filiale meiner Bank. An den Geldautomaten an der Seite des Gebäudes funktioniert meine Karte nicht. Erst als ich versuche in das Bankgebäude einzutreten, bemerke ich zwei uniformierte junge Männer mit Maschinenpistolen, die mir den Weg versperren. Ich erkläre, dass ich nur Geld wechseln wolle, und deute auf die belebten Schalter im Innenraum. Die Bank sei geschlossen, antwortet ganz höflich einer der Bewaffneten, ich solle um 13.30 Uhr wiederkommen. Diese Zeit scheint mir doch sehr unrealistisch für eine Bank. Als ich unschlüssig stehen bleibe, zeigt mir einer der Männer eine andere Bankfiliale gegenüber. Dort warten bereits einige Französinnen. Auch hier dürfen wir Touristen, anders als einige Uruguayer, die Filiale nicht betreten, aber in einem winzigen Seitenkabuff wird uns ein Bankautomat zugänglich gemacht, und hier gelingt es mir auch, die Landeswährung zu erhalten.
Ich bin verwundert. Wieso kommt man hier so schwierig an Geld? Werden hier regelmäßig Banken überfallen? Oder ist der Tourist doch nicht so sehr der Freund der Bevölkerung?

Auf dem Rückweg durch die Altstadt besuche ich noch den kleinen Park auf der *Plaza Zabala*, der bei Einheimischen sehr beliebt sein soll. Tatsächlich verbringen dort einige Berufstätige ihre Mittagspause mit Fast Food und Getränken, die man überall auf der Welt bekommt. Ich lasse mich auf einer Bank unter einem riesigen Baum nieder; es ist heiß geworden und ich freue mich über den Schattenplatz. Und nehme dann ein fürchterliches Geschrei wahr, das aus den Baumkronen kommt. Was für ein Gekrächze und Geschnatter! Weit über meinem Kopf flechten große grüngelbe Papageien mit orangen Schnäbeln – Mönchssittiche, erfahre ich später –, lange braune Zweige zusammen und bauen daraus ausgedehnte höhlenförmige Nester mit runden Einfluglöchern. Die Nester scheinen fast fertiggestellt zu sein, die Vögel bringen kürzere Zweige für die Feinarbeit heran. Im Baum über mir sind mindestens zwanzig Exemplare in mehreren Nestern bei der Arbeit. Ich bin beeindruckt. So finde ich mitten in der Stadt meine exotischen Vögel.

Ich kehre zum Schiff zurück und finde dort noch Reste vom Brathähnchen mit Kartoffelsalat, das heute auf dem Lido-Deck angeboten wird. Das ist für den Moment völlig ausreichend. Ich habe mir vorgenommen, am Nachmittag die Köstlichkeiten des *Mercado del Puerto* zu genießen.
Der Markt befindet sich in einem weitläufigen Gebäude und ist nun eine Ansammlung von Restaurants. Das Gebäude stammt aus den 1920er Jahren und liegt nur ein paar hundert Meter vom Anlegeplatz des Schiffes entfernt, und vor meinem inneren Auge tauchen schon die riesigen Grillroste, auf denen über offenem Feuer Würste, Innereien, Hähnchenteile und Rindersteaks garen, auf. So kenne ich diesen Markt aus Filmen und Reiseführern.
Hier in Uruguay stehen die Rinder ihr ganzes Leben lang auf der Weide, die Haltungsbedingungen sind also akzeptabel, und trotz eines mulmigen Gefühls, das mich beschlichen hat, als ich von der schieren Menge von Tieren, die hier tagtäglich geschlachtet werden, gehört habe, möchte ich das Fleisch der Rinder probieren.
Ich bin ziemlich erstaunt, als ich sehe, dass der Markt an diesem Mittwoch fast menschenleer ist. Viele der offenen Grillrestaurants innerhalb der Halle sind geschlossen, einige Souvenirläden haben geöffnet, die Verkäuferinnen machen aber keine Anstrengung, Kunden zu animieren. Vor einigen Bars stehen einige Einheimische mit

ihren Getränken, an ihnen ist die souveräne Langsamkeit und Entspanntheit zu sehen, die das Land angeblich ausmachen soll, bilde ich mir ein. Ich besetze einen Stehtisch und bestelle eine *Milanesa* und eine Pepsi Cola.

Im Roman von Carolina de Robertis über das Uruguay des frühen 20. Jahrhunderts war die *Milanesa*, das dünne panierte und gebackene Stück Rindfleisch, die Hauptspeise auch der ärmeren Bevölkerung. In der Bar *La Galponera* serviert mir der gutaussehende, engagierte Inhaber ein frisch gebackenes Rinderschnitzel mit Salat und Tomate in einem Hamburgerbrötchen. So haben sich die Kulturen angeglichen. Außerdem hätte ich noch Panchos (Frankfurter Würstchen) oder *Chivito* (in der teuersten Version mit Fleisch, Salat, Tomate, Mozzarella, Wurst, Spiegelei und Mayonnaise), natürlich mit Pommes, probieren können - schöne Namen für internationales Fast Food. Schade, keine Offenbarung. Trotzdem gefällt es mir, dass ich eine *Milanesa* probieren und damit eine Verbindung zu dem Roman, der mich sehr beeindruckt hat, herstellen konnte.

In meiner Kabine angekommen lese ich eine WhatsApp von Inga, einer meiner ältesten Freundinnen, sie verbringt einen Kurzurlaub auf Mallorca. Ich bin etwas verwundert:

Gibt es nicht inzwischen Reiseschwierigkeiten wegen des Corona-Ausbruchs? Ich rufe meine Frau über das Satellitentelefon des Schiffes an, auch, um mehr über die Situation zu Hause zu erfahren.

Sie sagt, sie habe Angst vor der Ausbreitung des Coronavirus und erzählt, dass es jetzt mehr Fälle in Deutschland gebe, allein in Heinsberg hätten sich nach einer Karnevalsveranstaltung Mitte Februar schon 37 Menschen angesteckt. Insgesamt gebe es 72 Infektionen, einige Personen hätten sich wohl auf Italienreisen angesteckt. Einreisende aus China, Iran, Italien, Südkorea oder Japan müssten sich bei den Behörden melden. Die Bundesregierung habe einen Krisenstab eingerichtet. Gesundheitsminister Spahn spreche vom

„Beginn einer Epidemie". Noch hoffe man in unserer Nachbarschaft, dass diese Erkrankung wieder verschwinde, wie die SARS-Infektionen Anfang der 2000er Jahre.

Auf dem Lido-Deck versucht eine uruguayische Musik- und Tanzgruppe, den Kreuzfahrtgästen ihre Tradition näherzubringen. Ich kann mit den Gedanken nicht dabei sein und bedaure, dass ihre Musik mich nicht anspricht. Der dazu gereichte *Pisco Sour* überfordert meinen Magen, und so ziehe ich mich in meine Kabine zurück.

3
27. Februar 2020

Der schicke weiß-rote Bus mit riesiger Windschutzscheibe, neues Modell, hält an der Straßenecke neben dem Laden für Tierzubehör. Ich habe ein paar Minuten gewartet, mit mir ein Paar mit zerfurchten Gesichtern, der Mann fast zahnlos, die Frau mit sehr langen schwarzen Haaren. Ich frage, ob der Bus nach *Tres Cruces*, dem Busterminal für Überlandbusse, fährt. In meiner Hosentasche habe ich kleine Scheine zusammengerollt. Die Fahrt kostet 29 Pesos, ich blättere einige Scheine ab und fühle mich schon etwas unbehaglich, denn genau das sollen Touristen nicht tun, aber es schien mir sicherer als in meinem Portemonnaie zu kramen. Der Busfahrer weist mich sofort darauf hin, dass ich mein Geld (er sagt „plata", also Silber), nicht so offen zeigen solle. Die gesamten Scheine in meiner Hand haben einen Wert von vielleicht vier Euro. Das scheint hier schon viel Geld zu sein.
Der Bus bahnt sich seinen Weg durch die Innenstadt. Die Fahrgäste sind meist gut gekleidet, in Streetwear oder auch Businesskostüm oder tragen Kleidung passend zum Einkaufen in der Stadt. Ein Mu-

siker steigt zu und beginnt, mit seiner Panflöte zu musizieren. Die Fahrgäste ermutigen ihn, applaudieren. Er erzählt, dass er aus Venezuela stamme und dass sicher alle wüssten, wie es dort gerade zugehe. Er habe kein Geld für Essen mehr gehabt und versuche nun, hier in Uruguay Fuß zu fassen. Fast alle Menschen im Bus werfen etwas Geld in seine hingehaltene Kappe, auch ich spendiere zwanzig Pesos, das scheint viel zu sein, er bedankt sich sehr höflich und verlässt den Bus an der nächsten Haltestelle.

Ich bin überrascht, wie groß der Gebäudekomplex der Busstation ist, auf den mein Bus auf kompliziert angeordneten Fahrspuren zusteuert. Im Obergeschoss befindet sich eine Shopping Mall mit unzähligen Geschäften, im Untergeschoss haben die zahlreichen Busgesellschaften, die die verschiedenen Buslinien ins Hinterland organisieren, ihre Schalter. Es dauert eine Weile, bis ich herausfinde, dass die Busfirma CITA die kleine Stadt *Canelones*, etwa 50 km von Montevideo entfernt, anfährt. Diese Stadt habe ich mir ausgesucht, weil sie nicht allzu weit entfernt liegt und das Zentrum der Land-, Vieh- und Weinwirtschaft des Landstrichs sein soll. Sie liegt zwischen den Flüssen *Canelón Chico* und *Canelón Grande*, daher ihr auffallender Name.
Ich bin nicht risikofreudig genug, um einen Tagesausflug in die weiter entfernten Städte *Durazno* oder sogar *Tacuarembó* zu machen. Die einfache Fahrt würde mindestens fünf Stunden dauern und ich weiß nicht, wie sicher ich dort ankommen werde. Wie gern hätte ich mehr Zeit für das Hinterland gehabt, um die Landschaft meines Traumes zu finden oder ein Gefühl für die Erlebnisse der Hauptfiguren aus dem Roman von Carolina de Robertis bekommen. Dort wird über das Landleben im ausgehenden 19. Jahrhundert erzählt, das von dem Leben mit Tieren und der Verbundenheit mit der direkten Heimat, mit der Abhängigkeit der Familienmitglieder voneinander und dem Glauben an Magie geprägt war.

Dieser kleine Trip muss nun ausreichen.
Auch ein Ticket am Schalter zu erstehen ist schwieriger als erwartet. Die Angestellte ist genervt von meinen Fragen und bemüht sich erst gar nicht, langsam zu sprechen. So finde ich zunächst den Ausgang, der zu meinem Bus führt, nicht und muss mich weiter durchfragen, es gelingt mir auch nicht, Informationen zur Rückfahrt zu bekommen.
Endlich lässt mich ein in ein weißes Hemd und eine blaue Stoffhose gekleideter Fahrer in seinen Bus, der bereitsteht, einsteigen. Ich betrachte die wartenden meist jungen Menschen draußen. Viele tragen ihre Thermoskanne unter dem Arm und ein Trinkgefäß, die *Calabasa* - der ausgehöhlte Kern der Frucht des Matebaums - mit einem metallenen Saugrohr - der *Bombilla* - in der Hand. Auch meine junge Sitznachbarin zieht an ihrer *Bombilla* und betätigt gleichzeitig ihr Handy.
Der Bus verlässt die Stadt durch eine palmengesäumte Allee. Die grüne, hügelige Landschaft, die mit hohen Pampasgrassträuchern und Bäumen mit dichtem grünen Laubwerk bestanden ist, kommt der Landschaft meines Traumes sehr nahe, besonders an einer Stelle, an der die schmale Landstraße wie ein heller Strich über einen Hügel gleitet und dann abfällt in eine weitläufige Hügellandschaft. Die Strecke bis *Canelones* ist allerdings sehr zersiedelt; überall finden sich einzelne niedrige Häuser, manche mit Bastzäunen begrenzt, mit einzelnen Palmen oder auch alten rostigen Lieferwagen in den Höfen. Einige Pferde grasen auf den schmalen Wiesenstreifen davor, direkt an der Straße. Manchmal steht ein Schiffscontainer einfach in der Landschaft herum, gelegentlich sieht man im Vorbeifahren einige dunkelbraune Rinder.
In Canelones selbst gibt es eine langgezogene Straße mit niedrigen Häusern, in denen Fachgeschäfte oder Handwerksbetriebe ihre Dienste anbieten. Die bunten, rosa, grün oder blau gestrichenen Steinhäuser besitzen Dachterrassen, die durch kurze steinerne Pfei-

ler begrenzt werden. Auf der ausgedehnten Plaza im Zentrum laden Bäume und Bänke zum Ausruhen ein. Mir gefällt die Kirche im Barockstil, innen in hellblau, Gold und weiß gestaltet, mit hübschen engen Rundbögen und hellblauen Kapitellen, der Fußboden ist mit ebenfalls blauen und weißen Sternornamenten geschmückt, eine in hellen Farben leuchtende Marienfigur fällt im Seitenschiff auf. Es ist die Catedral Nuestra Señora de Guadeloupe, errichtet von kanarischen und galizischen Einwanderern am Ende des 18. Jahrhunderts.

In einem Kiosk an der Plaza versuche ich, ein Rückfahrtticket zu erstehen. Auch hier brauche ich einige Zeit, um mich verständlich zu machen. Der Angestellte verkauft mir dann ein Ticket zu einem Ort in Montevideo, den ich nicht zuordnen kann; ich riskiere das.

Bei der Ankunft stellt sich heraus, dass diese Busfahrt an einem anderen großen Busbahnhof endet. Weil ich mir die Geschäfte in *Tres Cruces* noch ansehen will, nehme ich ein Taxi dorthin und versuche dann, etwas Essbares aufzutreiben.

In der Mall gibt es eine riesige Menge von kleinen Restaurants, meist Fast Food oder Italiener, aber auch eine riesige Menge von Menschen, die jetzt, am frühen Nachmittag, essen wollen. Alles ist besetzt. Ich bin müde und entscheide mich dann für einen kleinen Stand im Busbahnhof, an dem zwei junge Damen Sandwiches mit wohlklingenden Namen als Menü zusammen mit Fruchtsäften verkaufen. Ich bekomme ein pappiges Stück Brot mit unsäglichem Belag und eine Flasche mit giftoranger, künstlich schmeckender Flüssigkeit.

Auf der Rückfahrt mit dem Citybus fällt mir noch ein Transparent ins Auge, das einige Menschen in der Mitte eines vielbefahrenen Platzes ausgebreitet haben. Die Inschrift lautet: *Wittenberger deja familias en la calle.*[6] Ich kann nur raten: Ist Wittenberger eine Wohnungsbaugesellschaft oder ein Politiker? Für manche Menschen scheint es jedenfalls ein Wohnproblem zu geben.

Auf dem Schiff ist für den Abend ein Gaucho-Essen vorbereitet. Unsere Tischrunde ist begeistert: Das Fleisch ist unsäglich zart, die Zubereitung schmackhaft und ideenreich, die Beilagen sind vielfältig und unsere philippinischen Ober tragen ihren Gauchohut und das Halstuch mit Stolz.
Nach dem Essen stehen wir zusammen auf dem Achterdeck und verabschieden uns von Montevideo mit der Ablegehymne: für mich ein sehr romantischer Moment, das beleuchtete Schiff gegen den nächtlichen Horizont mit den sich entfernenden Gebäuden der Stadt zu sehen. Ja, ich bin zufrieden: ich habe Uruguay kennengelernt. Vielleicht habe ich nicht viel Aufregendes erlebt, aber es gab ein paar eindrückliche Momente mit Menschen, in der Stadt und in der Landschaft und meine Sehnsucht nach diesem Land ist zunächst gestillt.

Am nächsten Tag werden wir noch ein paar Stunden in *Punta del Este* verbringen. Weil das Schiff vor der Halbinsel auf Reede liegt und die Tenderboote eine weite Strecke über raue See zurücklegen müssen (ich war noch nie auf einem Tenderboot und habe Angst), erspare ich mir den Ausflug in diese Stadt, die vielleicht für Liebhaber der modernen Kunst, zu denen ich nicht gehöre, interessant ist, mich mit ihren am langen Strand aufgereihten hohen Apartmentgebäuden aber nicht anspricht. Verärgert bin ich über die Ansage der Schiffsreiseleitung. Es wird über das Land informiert, ein Aspekt sei, dass das Leben hier auch für Leute mit Geld sicher sei, man könne hier ruhig seinen Reichtum zeigen. Ich finde die Formulierung geschmacklos und vermutlich falsch. Das soll wohl heißen, dass der Unterschied zwischen Reich und Arm hier als gegeben akzeptiert wird. Aber wie passt das zu dem Verhalten des Busfahrers, als ich meine vier Euros vorzeigte? Er wollte mir sagen, dass es unvorsichtig sei, Geld so offensichtlich zu zeigen. Also gibt es auch hier soziale Konflikte.

Ich beschließe, mir lieber soweit möglich selbst ein Bild von den Gegebenheiten in einem Land zu machen und die Bewertungen der Reiseleitung kritisch zu sehen.

Am Abend verlassen wir Uruguay. Es wird nun einen Seetag geben, für mich die erste Möglichkeit, das Schiff etwas genauer zu erkunden, bevor wir den ersten Hafen in Brasilien erreichen. Ich bin gespannt auf das Gefühl, mit diesem Schiff auf See zu sein. Werde ich seekrank werden, werde ich mich eingeengt und gefangen fühlen? Ich freue mich auf die neue Erfahrung.

KAPITEL 4

Unterwegs im Südatlantik

2. März 2020

„Da erreicht man eine Stadt, von der man noch nie gehört hat, und dann sieht das aus wie Klein-Hongkong!"
Ich drehe mich um von meiner Position direkt am Bug von Deck 13. Dorothea, mit der ich später öfter frühstücke, eine schöne Frau in meinem Alter mit langen buschigen blonden Locken, ebenso wie ich allein reisend, wundert sich über den Anblick der Küstenlinie von Balneario Camboriú. „Da wird man sich bewusst, wie wir die Bedeutung Europas überschätzen."
Hinter einer Halbinsel mit bewaldeten Hügeln ist eine weiße Skyline aufgetaucht, Hunderte von glänzenden hellen vielstöckigen Hochhäusern, dicht an dicht gebaut, säumen die Bucht, deren Strand eine von Bäumen bestandene Promenade hat. Diese erscheinen winzig gegen die dahinter aufragenden Hochhäuser.
Auf dem Hügel am Horizont ragt eine gipsweiße Statue mit ausgestrecktem Armen empor.
Balneario Camboriú ist eine aufstrebende Stadt, die Rio de Janeiro sehr ähnlich sein soll. Die passende Statue, dem *Cristo Redentor*, der berühmten Christusstatue auf dem Corcovado-Hügel in Rio de Janeiro, nachempfunden, sehe ich vom Schiff aus, der Strand und die Freizeitmöglichkeiten sollen so schön sein wie in Rio. Jetzt werden die Schaulustigen auf dem Panoramadeck von der Stimme des Kreuzfahrtdirektors überrascht. „Liebe Gäste, wir sind vor Balneario Camboriú angekommen. Geplant war, hier auf Reede zu liegen und mit den Tenderbooten zum Hafen zu fahren. Leider ist der Schwell

hier so stark, dass es keinen sicheren Ein- und Ausstieg in die Tenderboote geben kann. Der Kapitän hat daher entschieden, dass wir in einem nahegelegenen Hafen, Porto Belo, das Ausbooten noch einmal versuchen. Wir werden dort in etwa einer Stunde ankommen und bemühen uns darum, dass Sie Ihre gebuchten Ausflüge von dort aus wahrnehmen können."
Schwell? Ich kann nur raten, das Wort ist mir unbekannt, aber selbsterklärend. Die Höhe der Wellen in Ufernähe ist gemeint.

Das Meer ist ein unberechenbarer Partner auf unserer Reise. Es gelingt der Reiseleitung tatsächlich, die Ausflugsbusse rechtzeitig zum neuen Hafen zu dirigieren, der übrigens wieder in einer Stadt liegt, die aus unzähligen Hochhäusern zu bestehen scheint. Auch hier ist das Ausbooten nicht ungefährlich, aber die hartgesottenen Kreuzfahrtgäste lassen sich nicht abschrecken und alles läuft nach Plan.

Was passiert, wenn ich seekrank werde? Ich habe alles dabei: Akupressur-Bänder, Ingwer-Kapseln, mehrere Sorten Antihistamine, weiß ich, was bei mir wirkt? Also besser alles mitnehmen. Für die Vorbereitung dieser Reise habe ich Monate gebraucht und mich für alle denkbaren Probleme gerüstet. Die Ratschläge der Reiseliteratur und der Reiseblogs waren vielfältig: Besser keine Kabine in den oberen Decks buchen, da spürt man den Seegang stärker (kann ich mir sowieso nicht leisten, die kosten ein Drittel des schon exorbitanten Preises mehr), keine Kabine am Bug nehmen (die waren etwas preiswerter, na gut, die zu vermeiden ist vielleicht gut investiertes Geld), möglichst in der Mitte im unteren Drittel (dort ist aber das unangenehme Wummern der Maschine zu hören). Meine Kabine im hinteren Teil von Deck 5 schaukelt nur sanft, auch bei der groben See der Nacht davor (grobe See bedeutet große Wellen, bis sechs Meter hoch, deren Kämme sich brechen und Schaumflächen hinterlassen). Wenn ich mich der Schiffsbewegung hingebe, empfinde ich die Bewegung als angenehm. Meine komplette Seekrankheitsapotheke kann ich später ungenutzt und unbeschadet nach Hause zurückbringen, wohl um sie auf der nächsten Fährüberfahrt auf dem Ärmelkanal nach England einzusetzen, dort ist die Gefahr, seekrank zu werden, wahrscheinlich größer.

Den Tag verbringe ich an Bord. Ich fühle mich durch die plötzliche Hitze am letzten Ankunftsort *Rio Grande do Sul*, durch die Klimaanlage an Bord oder die vielen erkälteten Mitpassagiere (es war kalt am Kap Hoorn und auf den Falklands) erkältet und schwach und bedaure sehr, meinen gebuchten Ausflug nach Blumenau nicht mitmachen zu können, aber mir geht es einfach zu elend. Ich setze mich mit einem Buch aus der Bibliothek (*Archipel* von Inger-Maria Mahlke, wollte ich schon immer einmal lesen) in die Panorama-Lounge auf Deck 11 und flirte etwas schwächlich mit der attraktiven ukrainischen Barfrau.

In Rio Grande do Sul setzte ich vor zwei Tagen das erste Mal einen Fuß auf brasilianischen Boden. Vom Schiff aus sah ich bei der Einfahrt portugiesisch beschriftete Werbeschilder und wusste: Jetzt bin ich angekommen in meinem Traumland. Fasziniert beobachtete ich von der Brüstung in Deck 7, was am Kai geschah. Eine bunte Tanzgruppe begrüßte unser Schiff mit Musik und Tänzen, die Frauen gekleidet in weiß-rote oder blaurote Kleider mit weiten langen Röcken, die dunklen Haare zurückgebunden, die Männer in schwarzen oder weißen Pluderhosen, um den Hals die karierten Gauchotücher. Es war ein Tanz mit geregelten Figuren und Schritten, die Choreografie erinnerte an Tänze zu Country-Musik, die wir aus Nordamerika kennen. Die Menschen hier in Südbrasilien nannten sich nach ihrer Herkunft Gauchos und Gauchas, das wusste ich aus meinen Portugiesischstunden. Dass wir so nett begrüßt wurden, rührte mich, später erfuhr ich, dass diese Willkommenstanz-

darbietungen in vielen Teilen der Welt häufig sind. Und tatsächlich fotografierten die Menschen dort unser Schiff sicherlich genau so oft wie sie von den neugierigen Kreuzfahrtgästen wiederum abgelichtet wurden.
Der Weg in die Kleinstadt hinein vom Hafen aus war mühsam (später erfuhr ich, dass sowohl Lokale als auch Geschäfte um die heiße Mittagszeit herum geschlossen hatten), so blieb ich in der sengenden Sonne am Hafen. Unter Zeltpavillons mit dem großgedruckten Gruß *„Welcome to Rio Grande"* waren einige Souvenirstände aufgebaut, und ich wollte wenigstens etwas mitnehmen von meiner ersten Begegnung mit diesem Land. Ich erstand eine kleine aus Filz hergestellte Madonnenfigur mit dem typischen hellblauen Cape, hier mit Goldlitze eingefasst. Mit Händen und Füßen und ein paar Brocken Portugiesisch erfuhr ich, dass die lachende bebrillte junge Frau diese Puppe so wie die anderen angebotenen aus Textil genähten Taschen, Puppen und Tierfiguren selbst gemacht hatte. Beim Bezahlen mischte sich dann ein Mann ein, der vorgab, englisch zu sprechen, und vermittelte das Geschäft. Ich hoffte, dass das Geld auch bei der Frau ankommen würde, und beschloss, demnächst vorsichtiger zu sein, wem ich Geld aushändige.
Später erfuhr ich, dass in den wenigen Stunden unseres Aufenthalts eine Mannschaft aus unserer Crew inklusive Kapitän ein Fußballspiel gegen eine Jugendmannschaft aus Rio Grande do Sul krachend verloren hat. Mir gefällt es sehr, dass mein Schiff sich um solche Verbindungen bemüht.

Jetzt ziehe ich mich für den Nachmittag in meine Kabine zurück und schalte den eindrucksvollen Flachbildfernseher ein. Es gibt ein Bordprogramm, in dem die jungen, freundlichen Reiseleiter die anstehenden Ausflüge beschreiben und in dem es Informationen zur Fahrt und zum Schiff gibt. Auf einem Kanal laufen in Dauerschleife alte Spielfilme - mir ist ein Rätsel, warum Filme aus den Siebzigern und Achtzigern gezeigt werden, soll das die älteren Gäste ansprechen?, auf dem anderen Naturdokus. Manchmal können wir ein Programm der Deutschen Welle empfangen und am späteren Abend wird die aktuelle Tagesschau, die aus dem Internet heruntergeladen wurde, gezeigt. Leider gibt es keine lokalen Fernsehsender zu sehen, das enttäuscht mich. Ich wäre neugierig gewesen auf südamerikanische Programme in Echtzeit. Ich liebe allerdings das Dauerstandbild, das jeweils im Wechsel eine Weltkarte mit der Position des Schiffes, eine detaillierte Regionalkarte und eine Karte mit den aktuellen Wetterbedingungen zeigt. So kann ich jetzt erkennen, dass sich unser Schiff in einer Region mit kräftigen Schauern und starkem Wind befindet, das Regenband zieht sich weiter nach Norden bis Rio de Janeiro.

In meiner Naivität habe ich mich für den nächsten Tag zu einem Bade- und Schnorchelausflug vor der Ilha Bela, einer Insel an der Costa Verde einige hundert Kilometer südwestlich von Rio de Janeiro, angemeldet, mit einem Bild von weißen Stränden, ruhigem sonnigen Wetter und vielen bunten kleinen Fischen im Kopf. Daraus wird wohl nichts. Dass wir uns hier am Beginn der Regenzeit befinden, war mir bei der Planung nicht bewusst. Und nun habe ich schon Angst vor der Fahrt auf den Tenderbooten, wie wird das erst beim Schnorcheln sein? Da habe ich mich wohl heftig überschätzt. Ich bekomme gerade die Fantasiewelt aus dem deutschen Winter, die mich zu dem Ausflug verleitet hat, nicht ganz mit der Wirklichkeit zusammen und es bleibt mir nichts übrig, als passiv in der Panoramalounge die Abenteuer der Figuren aus Inger-Maria Mahlkes Roman mitzuerleben.

Um neunzehn Uhr sind alle Ausflügler zurück, und wir essen wieder in der jetzt gewohnten Tischrunde. Cornelius erzählt kurz von Blumenau. „Das ist eine ganz nette Stadt", konstatiert er, und ich

bin überrascht über die offensichtliche Untertreibung. Ich hätte mir gern die südbrasilianische Landschaft und die aus der Zeit gefallene Stadt, deren Erscheinungsbild von deutschen Auswanderern geprägt wurde, angesehen. Ich ärgere mich, dass ich mich krank fühlte und nicht mitfahren konnte.
Zwei der mitreisenden Damen erzählen vom Ausflug „Regenwald und Unipraias Park", sie haben ein Naturschutzgebiet mitten im atlantischen Regenwald besucht, wo ein Spaziergang über eine Strecke mit Hängebrücken in den Baumwipfeln möglich ist. Sie erzählen von der Schönheit der Landschaft, jedoch habe der Lärm der Besucher, meist Familien mit Kindern, alle dort lebenden Tiere verjagt.
So versuche ich diesen Tag für mich abzuhaken und nach vorne zu schauen. Ich bin sicher, dass die magischen Momente in Brasilien für mich noch kommen werden.
Ich konzentriere mich auf das schmackhafte viergängige Gericht und die Gespräche meiner Begleiter. Es sind dies Gabriele, eine frühere Rundfunkmitarbeiterin aus Mannheim, Brigitte, eine gut situierte Familienfrau aus der Nähe von Frankfurt, Georg, eine frühere Führungspersönlichkeit in der Autoindustrie, Uwe, ein pensionierter Justizbeamter aus Bremen, Cornelius, ein Ex-Diplomat aus Heidelberg, Petra, eine Geschäftsfrau aus dem Saarland, Reiner, der Bordpfarrer und Sabine, die als Lektorin für Naturheilkunde auf dem Schiff ist. Außer Sabine sind alle Mitte Sechzig bis Anfang Achtzig und alle außer mir sind weitgereiste Kreuzfahrer. Cornelius hat sämtliche Orte, die Kreuzfahrtschiffe anfahren können, gesehen. Es fehlen ihm nur noch die Amazonasorte der aktuellen Kreuzfahrt. Sabine war schon zwanzig Mal in Madeira.
Ich dagegen bin an viele dieser Orte nur in meinen Träumen gereist. Mich erstaunt diese Beharrlichkeit: Warum gehen diese Menschen immer wieder auf Kreuzfahrt? Aus den diversen Gesprächen dieser Tischrunde erfahre ich viele unterschiedliche Motive: Es ist eine

angenehme Möglichkeit, sich selbst für ein anstrengendes Leben zu belohnen. „Jetzt ist nicht mehr die Zeit, Geld anzulegen, sondern es auszugeben", meint Cornelius, der in den letzten Jahren gravierende gesundheitliche Probleme hatte.
Eine andere Stimme aus einer Zufallsbegegnung an Bord: „Wir machen dies jedes Jahr zwischen Januar und April, um dem deutschen Winter zu entgehen. Der ist in unserer kleinen Altenwohnung schwer auszuhalten." Diese Motivation höre ich immer wieder.
„Meine Tochter sagt, komm nicht mit einer neuen Partnerin zurück, die nicht mindestens zehn Jahre älter ist als die Jüngste von uns."
Ja, es gibt eine Menge alleinstehender Männer auf dem Schiff. Und ganz vorsichtig schauen sich diese auch nach einer neuen passenden Partnerin um. Einmal höre ich den glücklichen Seufzer eines alten Herrn, der mit seiner Partnerin ein Getränk in *Harry's Bar* genießt: „Wie schön ist es, hier zu sein, wie schön, wieder eine Frau gefunden zu haben und dass wir uns verstehen." Und sie entgegnet spitz: „Aber ruhe dich nicht darauf aus." Er erklärt erschrocken, das würde er nie tun.
Meine Güte, der Arme. Kann sie ihm nicht einfach sein Glück lassen? Einfach haben es die Männer auch nicht.

An diesem Nachmittag sprach ich mit einem allein reisenden älteren Herrn, der vornübergebeugt und scheinbar unglücklich auf sein Bierglas starrte. Ich fragte ihn nach dem Schattenplatz an seinem Tisch und kam mit ihm ins Gespräch. Ihn interessierte besonders der bauliche Zustand des Schiffes und er erklärte mir, was alles instandgesetzt werden müsse. Es stellte sich heraus, dass er früher Bauleiter war und Bauprojekte in aller Welt betreute. Er lebte sichtlich auf, als er mir dies erzählen konnte. Jetzt gehe er auf Kreuzfahrt, um dem Winter zu entfliehen. Und der Einsamkeit, ergänzte ich für mich. Dann entschuldigte er sich, weil er Bekannte sah, die ihn sicherlich suchten. Ich freute mich für ihn, dass er Anschluss gefunden hatte.

Und war froh, dass meine Ehefrau zu Hause auf mich wartet und ich ganz entspannt das häufige Alleinsein auf dem Schiff genießen kann.

Nach dem Essen – das Schiff hat wieder abgelegt und wir befinden uns auf dem offenen Meer – verbringen wir noch einige Zeit an Deck und betrachten den Nachthimmel. Reiner, der Bordpfarrer, kennt sich in der Astronomie gut aus und kann Sternbilder lokalisieren. Er erzählt von einer App, die ihm dabei hilft; seine Begeisterung ist ansteckend.

Wieder zurück in meiner Kabine lese ich jetzt erst die Tagesrundschau, das ist eine aus vier Seiten bestehende Bordzeitung, die die wichtigsten Neuigkeiten aus Deutschland und der Welt zusammenfasst und die als „exklusiver Service" für unser Schiff[7] jeden Morgen zur Kabine gebracht wird. In Deutschland werden Messen abgesagt, die WHO stuft die weltweite Bedrohung durch das neuartige Corona-Virus als sehr hoch ein. Mittlerweise sind rund 50 Länder betroffen, in Deutschland besonders der Kreis Heinsberg. Einzelne Infektionen werden aus anderen Teilen Deutschlands gemeldet, die Infizierten hatten entweder Kontakt mit Italienreisenden oder Menschen aus dem Kreis Heinsberg.

Am nächsten Morgen führt mich mein Gang zum Frühstück an der Rezeption vorbei, wo mir die freundliche Assistentin den Ausdruck einer Mail meiner Freundin Helga überreicht.

Liebe Grüße vom anderen Ende der Welt! Ich freue mich sehr, von dir zu hören und verfolge deinen Kurs auf meinem Weltatlas. Ich versuche im Moment, wann immer es geht, größere Menschenansammlungen zu vermeiden: Der Coronavirus ist in Bremen angekommen. Es ist nicht immer möglich, den Dingen auszuweichen, da ich zum

Beispiel diese Woche mehrmals im Berufsverkehr mit der Nordwestbahn fahren muss, zur Kinderbetreuung. Und auch im Kindergarten habe ich ein mulmiges Gefühl. Meine Schwiegertochter fängt wieder an zu arbeiten, und an zwei Tagen soll ich meinen Sohn etwas unterstützen.
Kleine Spuren von Frühling sind hier schon zu erkennen, und auf dem Balkon kann man minutenweise mal in die Sonne blinzeln."

Die Gespräche an Bord drehen sich auch um Corona, aber noch glauben wir, dass diese Gefahr vorübergehen wird und vielleicht nicht mehr besteht, wenn wir zurückgekehrt sind. In Brasilien sind noch keine Fälle bekannt. Auf dem Schiff gibt es zum Frühstück Zimtgebäck mit Vanillesoße, Sport- und Vortragsprogramme, und viele Gäste nutzen den kurzen Aufenthalt für einen Ausflug auf die Ilha Bela. Keiner hat Sorge vor Ansteckung.

KAPITEL 5

Costa Verde und Rio de Janeiro

1
5. März 2020, Ankunft in Rio

Es ist sechs Uhr. Ich lehne mich an die Reling des Panoramadecks auf Deck 13, der Morgen ist klar und hell und der mäßige Wind zerrt an meiner tief heruntergezogenen Kappe, so dass ich sie festhalten muss. In der Ferne sind kegelförmige grüne Hügel zu sehen, scheinbar direkt aus dem Meer herausragend. Mein Schiff hält auf eine noch weit entfernte Küstenlinie zu. Heute morgen werden wir im Hafen von Rio de Janeiro anlegen.
In den letzten Tagen haben wir an mehreren Orten an der Costa Verde geankert, einem mit atlantischem Regenwald bestandenen Küstenstreifen, der trotz der Nähe der Großstädte São Paolo und Rio außerhalb des brasilianischen Sommers von November bis Februar gut zu bereisen ist. Jetzt, Anfang März, scheinen die sommerlichen Touristenmassen verschwunden zu sein. Wie ich erfuhr, beginnen die jahreszeitlichen Regenfälle recht plötzlich, der Sommer geht nicht allmählich in den Herbst über, wie wir es von Europa kennen. Und dann ist die Touristensaison vorbei.

Tropische Regengebiete kündigten sich schon auf der Wetterkarte, die in die Kabine übertragen wird, an. Ein Spaziergang auf der Ilha Grande in einer Regenpause hat jedoch meine tropischen Sehnsüchte erfüllt. Diese Insel ist als Naturschutzgebiet ausgewiesen, und die bunten *Pousadas*, Pensionen, und offenen Geschäfte und Restaurants haben Gabriele, die unternehmungslustige Rundfunkfrau und mich auf unserem Gang durch den Hauptort *Vila do Abrãao* zurück in die Zeit der Hippieromantik versetzt. Die Touristeninformation sollte zu finden sein in einer Straße mit dem Namen *Pico do Papagaio Trail*. Sie war allerdings ebenso geschlossen wie die einzige Bank am Ort. Auf der Insel gab es Strände, Wasserfälle, eindrucksvolle Wanderwege und einen steilen Aufstieg zum 900 m hohen Pico do Papagaio, der übrigens seinen Namen nicht von der Menge der dort lebenden Papageien hat, sondern wegen seiner papageienkopfähnlichen Form so heißt.

Ich verfolgte eine Gruppe finkenähnlicher gelbgrüner Vögel mit meiner Kamera und konnte einen kleinen grauen Affen mit weißem Gesicht und einem langen, buschigen Schwanz, der auf einem Ast gefährlich nah neben einer dicken Stromleitung herumwuselte, aufs Foto bekommen. Gabriele und ich waren uns einig, dass wir es in diesem Ort einige Zeit aushalten könnten, er ist nicht allzu weit von Rio de Janeiro entfernt und strahlt eine tropische Einfachheit aus, nach der ich mich schon lange sehne. Ich freute mich, dass es Gabriele ähnlich ging, und unverbindlich verabredeten wir, irgendwann auf einer gemeinsamen Reise hierhin zurückzukehren. In einem Restaurant mit bunten einladenden Schildern probierte ich wagemutig eine *Moqueca*, einen Fischeintopf gekocht mit Tomaten, Paprika und Koriander in Kokosmilch und Palmöl, deren ungewohnter Geschmack mich nicht wirklich überzeugte. Das lag sicherlich am Palmöl, dieser Grundgeschmack überlagerte den der anderen eigentlich wohlschmeckenden Zutaten.
Zurück im Ort, an einem beschirmten Stand vor der blauweiß gestrichenen Kirche, kauften wir grüne Kokosnüsse, die uns ein entspannter Verkäufer öffnete. Das frische Kokoswasser blieb mein Lieblingsgetränk auf den weiteren Landausflügen.
Die regelmäßig verkehrenden Tenderboote lagen am Bootssteg bereit, inzwischen hatte ich mich an diese Transportart gewöhnt, und

so gelangten wir wieder zu unserem Schiff, hinter dem in der Ferne dunkle Regenwolken hingen.

An diesem Morgen nun nähern wir uns dem Hafen von Rio de Janeiro. Zu meiner Begeisterung passieren wir den Zuckerhut in unmittelbarer Nähe. Der fast 300 m hohe Felsen zeichnet sich in seiner typischen Form (auch in Brasilien heißt er *Pão de Açucar*, Zuckerhut) auf dem strahlendblauen Morgenhimmel ab, aber dann zieht plötzlich ein sanfter Wolkenschleier vor den Gipfel. Zur gleichen Zeit erscheint auf einem weiter entfernten Hügel die weißglänzende riesig anmutende Christusstatue, die den Reisenden scheinbar mit offenen Armen willkommen heißt. Dies ist völlig unerwartet einer der Glücksmomente meiner Reise, am Abend werde ich mich über meinen entrückten Gesichtsausdruck auf einem Selfie, in diesem Moment aufgenommen, amüsieren.
Das Schiffspersonal scheint zu wissen, wie eindrucksvoll die Einfahrt in diesen Hafen ist, einige Kellner bieten den wenigen Gästen, die mit Kamera und glücklichem Lächeln auf dem Deck herumstehen, feierlich Sekt und süßes Gebäck an. Langsam passieren wir die mit Palmen und anderen tropischen Bäumen dicht bestandenen Hügel. Die schmale Landebahn eines Flughafens ragt ins Meer hinaus, ein Flugzeug scheint bei der Landung auf sie zu zielen und legt eine eindrucksvoll sichere Landung hin. Ein blaues Fischerboot mit rotem Rand liegt bewegungslos im Wasser, zwei Männer mit kurzen Hosen, tiefgebräunten Beinen und blauen Kappen bestaunen unser Kreuzfahrtschiff. Näher am Hafen dümpeln die größeren Fischerboote, blau, rot und weiß, grün und weiß, mit Fahrerkabinen, das Heck überdacht. Auch hier keine Aktivität, die Menschen beobachten, wie mein Kreuzfahrtschiff vorsichtig passgenau hinter einem riesigen italienischen Kreuzfahrtliner anlegt.
Zeit fürs Frühstück.

2
Auf dem Weg zur Copacabana

Die Klimaanlage im Hafengebäude verwandelt die große Halle in einen Eispalast. Händler erwarten die Kreuzfahrer an eleganten Verkaufsständen, einer davon eine Dependance des renommierten Juweliers Stern aus dem Zentrum von Rio, man findet *Havaianas*-Flip Flops in allen Farben, sportlich oder zierlich, Strandtücher und eine von jungen Leuten belagerte Ecke, in der alle versuchen, das versprochene kostenlose W-LAN zu erreichen – scheinbar oft vergeblich, denn ich höre im Vorbeigehen viele frustrierte Kommentare. Außer den Gästen von meinem Schiff drängen sich fröhlich plaudernde Italiener, die vom riesigen Nachbarschiff an unserer Pier kommen, durch die Gänge zum Ausgang. Ich habe in der über Satellit übertragenen Tagesschau von der Häufung der Corona-Fälle in Norditalien erfahren, aber diese Menschen sind ja schon lange unterwegs und wohl noch nicht vom Virus betroffen. Ich wundere mich über meine Gedanken. Später wundern wir uns alle, als wir sehen, dass neue Gäste an Bord des Nachbarschiffes gehen.

Ich habe an diesem Tag keinen Ausflug gebucht. Mein größter Wunsch für Rio war, an der Copacabana entlang zu schlendern. Historische Gebäude des Barocks, moderne Straßenkunst in Santa Teresa, ein landestypisches Mittagessen mit Blick über das Meer, all diese Ausflugsangebote interessieren mich nicht für die kurze Zeit, die mir in dieser faszinierenden Metropole bleibt. Ich will die Copacabana sehen, innere Bilder sind entstanden durch Dokumentationen, Romane und Reiseerzählungen. Eigentlich kenne ich sie schon, die Copacabana, aber nun will ich hin.
Es gab kein Angebot für einen Ausflug an diesen Strand, von vielen Seiten hörte ich, dass man dort auch tagsüber nicht sicher vor Überfällen ist. Also habe ich heute morgen keinen Schmuck angelegt,

meinen mehrfach gesicherten Reiserucksack auf dem Schiff gelassen und trage nur einen flachen Beutel mit meiner Bordkarte, einer Kreditkarte und einigen Scheinen um den Hals und etwas Kleingeld in meinen Hosentaschen. Ich bin zuversichtlich, dass ich mit meinem im Winter angelernten Touristen-Portugiesisch in der Lage bin, mit dem Taxi in die Stadt zu fahren, mich durchzufragen und auch etwas einzukaufen oder zu essen zu finden. Vielleicht käme ich auch mit englisch zurecht, aber das werde ich gar nicht erst versuchen, das macht keinen Spaß, denke ich.
Am Ausgang erwarten mich Taxifahrer, junge, alte, mit verschiedener Hautfarbe und unterschiedlichen Outfits, elegant, lässig, abgerissen. Taxis sind allerdings nicht zu sehen. Aus der Gruppe sticht ein freundlich aussehender, korpulenter junger Mann mit gelbem Hemd heraus, der mich flehend anschaut. Ich frage ihn nach dem Preis zur Copacabana, ich habe mir das Hotel *Astoria Palace* als Ziel ausgesucht, um mit einer vagen Zielangabe nicht zu unwissend zu erscheinen. Er möchte zwanzig Dollar für die Fahrt haben. Ich habe zwar am Automaten im Hafengebäude Geld getauscht, übrigens mit horrenden Gebühren, wie ich später feststelle, trage aber auch, wie empfohlen, einige Dollarscheine in der Tasche. Auf dem Schiff wurden wir informiert, die Fahrt koste ca. zwölf Dollar, ich versuche zu handeln, aber niemand der Umstehenden will mich für zwölf Dollar fahren. Also stimme ich zu, der Fahrer nimmt mich mit zur Hauptstraße.

In diesem Moment nähert sich uns ein großer Mann mit dicker silberner Halskette, spricht in dominantem Ton und wedelt meinen Auserwählten mit der Hand fort. Der duckt sich regelrecht weg und will mich dem Neuen überlassen. Ich protestiere heftig, zeige auf meinen Mann: „Nein, nur mit ihm will ich fahren“, erkläre ich dem Kettenmann. Mit Erfolg, er nickt und verschwindet. Mein Fahrer erklärt mir, er müsse jetzt sein Auto holen und ich solle dort an der

Ecke auf ihn warten. Er joggt die Straße entlang und ist dann nicht mehr zu sehen. Ich freue mich zunächst über die gut überstandene Situation, befürchte nun aber, dass er vielleicht kein offizielles Taxi hat und mich in einer dunklen Ecke der Stadt ausrauben wird. Ich bin wirklich erleichtert, als er dann mit einem kleinen gelben Wagen erscheint und ich am Armaturenbrett seines Wagens einen offiziellen Ausweis mit seinem Foto sehe.
Ich atme durch und versuche, die Autofahrt zu genießen. Wir machen uns auf den beschwerlichen Weg durch die Stadt, denn die Copacabana liegt nicht im eigentlichen Stadtzentrum, sondern in der *Zona Sul*, einem südlichen Stadtteil, dem touristischen Zentrum.

Geschäftige Straßen, Staus, graue Vorstadtbauten, und dann auf einmal erscheinen ein baumbestandener Park, ein kleiner Strand, grün bewaldete Hügel, die im Wasser stehen. Vierspurige Innenstadtstraßen, die an Palmenhainen entlangführen, bunte Karren von Straßenhändlern, und überall schimmert das Meer durch die Häuserzeilen. Auf der Landseite sehe ich Unmengen von kleinen Häusern einer *Favela*, wie aufeinandergestapelt auf den steilen Hügelabhängen. Natürlich ist mir bewusst, wie Armut, Perspektivlosigkeit und Kriminalität das Leben in den Favelas bestimmen. Trotzdem erlaube ich mir in dem Moment unbeschwert zu denken, die Stadt ist überraschend schön.
Vor dem Hotel nahe des *Posto 3* steige ich aus, und nachdem ich dem Fahrer mitgeteilt habe, dass ich nicht abgeholt werden will, interessiert er sich nicht mehr für mich und braust davon. Soviel zur Verbundenheit, die ich kurz mit ihm in der Auseinandersetzung mit dem Kettenmann gefühlt habe.
Ich überquere die Straße und betrete die Promenade mit der typischen schwarz-weiß-wellenförmige Pflasterung. Ich atme tief, nehme das Panorama von hohen Palmen, Strand, Menschen, Farben, weißen hohen Wellen auf und versuche gleichzeitig, nieman-

den zu nahe an mich heranzulassen. Ein Händler mit dunkelbrauner, sonnengegerbter Haut spricht mich an, über seinem Arm hängen bunte Strandtücher. Ich kaufe gleich zwei, eins, das die schwarzweiße Pflasterung als Motiv hat, ein buntes mit der Aufschrift „Rio“ und vielen farbenfrohen Motiven, gebe ihm zu viel Geld dafür, werfe mir die Tücher über eine Schulter und fühle mich beschwingt wie das *Girl von Ipanema,* das lässig an der Promenade entlang schlendert. Jetzt bin ich angekommen, einer meiner Träume ist erfüllt.

Ich lasse mich treiben. Das Wetter ist wunderbar, Sonne und 25 Grad. In einer Strandkneipe bestelle ich eine Cola und eine Kleinigkeit zu essen, eine Pastete mit undefinierbarem Inhalt. Ich wandere durch den herrlich feinen Sand am Wellensaum, bestaune die meterhohen Wellen und hinter der Promenade auf der anderen Straßenseite die *Art-Déco*-Hotels und modernen vielstöckigen Wohngebäude. Für mich ist dies die schönste Stadt der Welt. Ich bin selbst überrascht über diese emotionale Reaktion. Ich glaubte, die Stadt schon zu kennen, aber der unmittelbare Eindruck führt direkt ins Herz. Die andere Seite, die Seite von Armut, Perspektivlosigkeit, Gewalt und organisierter Kriminalität bestimmt das wirkliche Leben dort sicherlich sehr. Trotzdem - perfektes Klima, Strand, Stadt, Grün, Urwald, Urbanität - in Rio könnte ich es länger aushalten.
Ich wandere bis zum *Ipanema*-Strand, kehre dann zurück, indem ich durch Buchläden und Supermärkte der *Avenida Nossa Senhora de Copacabana* streife, halte ein Taxi an und lasse mich für zwölf Dollar zurück zum Schiff bringen.

3
6. März 2020

Auf einen der beiden berühmten Hügel, den Zuckerhut oder den *Corcovado*, muss ich auf jeden Fall. Ich habe mich für den Corcovado mit der Christusstatue entschieden und schon im Vorhinein eine Tour gebucht. Schlange stehen in der Gruppe mit vororganisierten Eintrittskarten ist vermutlich angenehmer und sicherer als allein. Es wird tatsächlich ein recht angenehmer Ausflug mit nicht allzu großem Zeitverlust, sicherlich, weil die Reiseleitung unsere Gruppe auf den zweiten Zug des Morgens bringt.
In 710 m Höhe ragt der *Corcovado* über die Stadt, und eine Zahnradbahn fährt steil hinauf durch einen Wald, der zu Beginn des 20. Jahrhunderts dem Baumbestand des früher gerodeten Waldes nachgepflanzt wurde. Urwaldfeeling mitten in der Stadt, das Erlebnis erinnert mich an die Auffahrt auf den heimischen Drachenfels, wo ebenfalls eine Zahnradbahn die Besucher auf die 300 m hohe Bergspitze bringt, von der man eine fantastische Aussicht auf das Rheintal hat. Auch hier soll die Hauptattraktion der herrliche Blick über die Stadt und die Strände von *Botafogo, Copacabana* und *Ipanema* sein. Heute ist es etwas neblig, und der Zuckerhut, das Meer und die Strände werden von einem leichten Schleier bedeckt. Mehr als die Aussicht faszinieren mich die Menschen, die zu der Statue Christus' des Erlösers pilgern. Gruppen von Mitgliedern einer Kirchengemeinde bestaunen die Höhe der Statue (ein mitgebrachtes Schild mit der Aufschrift *Paroquía Santissima Trinidade*[8] zeigt ihre Herkunft an), Paare lächeln mit glückseligem Ausdruck in die Handykamera eines Begleiters, ein junger Mann mit bunt tätowierten Armen tanzt mit einer Frau in rotem Kleid ein paar Sambaschritte vor dem Christus, der mit seiner Höhe von achtunddreißig Metern die Besucher weit überragt. Ein Paar schwingt lachend einen kleinen lockigen Jungen in ihren Armen hin und her. Dies

sind brasilianische Touristen, und der Besuch dieses Ortes bedeutet ihnen viel.
Bei meiner Rückkehr zu dem Aufzug, der mich wieder zur Zahnradbahn bringt, finde ich Infotafeln, auf denen die Geschichte und Bedeutung der größten *Art-Déco*-Statue der Welt beschrieben wird. 1931 eingeweiht und 1980 von Papst Johannes Paul II. besucht, wurde sie im Zusammenhang mit dem hundertjährigen Jubiläum der nationalen Unabhängigkeit geplant und soll nach einem Bittspruch des damaligen Kardinals *Sebastião Leme Cintra* das Land leiten und von allen Übeln befreien.
Über die Bucht von *Guanabara* breitet die Statue ihre Arme aus zum Zuckerhut hinüber und zu den einlaufenden Schiffen - aus deren Perspektive habe ich sie am Vortag zum ersten Mal gesehen. Ich bin sehr froh, mich für diesen Ausflug entschieden zu haben, und beeindruckt von der Hingabe der Menschen, die dorthin pilgern. Dies habe ich nicht erwartet. Ich erstehe eine kleine Christusfigur, die nach meiner Rückkehr im Arbeitszimmer hinter mir das Regal mit den Devotionalien dieser Reise schmücken soll.
An der vielbefahrenen Straße gegenüber der Talstation muss unsere Ausflugsgruppe einige Zeit warten. Am späten Vormittag hat unser Bus diverse Staus zu bewältigen, es gibt keine Parkplätze in der Nähe. Einige Straßenhändler nehmen uns ins Visier und bieten ganz spezielle Souvenirs an, farbige Nummernschilder mit der Aufschrift „Rio 2020“. Eine Mitreisende kauft einem älteren Mann mit Gehstock ein grünes Exemplar ab. Ein älterer Kreuzfahrtgast versucht, in lebhaftem Gespräch mit einem weiteren Straßenhändler den Preis von zehn Dollar für ein gelbes Exemplar zu drücken.
„Davon kann er seine Familie sicherlich zwei Tage ernähren“, meint die Käuferin zu ihrem Mann. Und sie wendet sich dem Mitkreuzfahrer zu: „Kaufen Sie ihm das Schild doch ab. Er kann das Geld sicherlich gut brauchen.“ Gereizt antwortet der andere: „Nein, wieso denn. Was soll ich denn damit?“

Eine Frau im Leopardenkleid mischt sich ein: „Wenn Sie schon handeln, müssen Sie es auch nehmen."
Das gefällt dem Interessenten nun gar nicht, er bockt herum und gibt den Handel auf. Mit hängendem Kopf zieht sich der Händler enttäuscht zurück.
„Das kann ich nicht mit ansehen", meint die Besitzerin des grünen Schildes und ruft den Händler zurück. Sie kauft sein Schild, steckt beide in ihren Rucksack und sagt zu ihm: „Sehen Sie, jetzt habe ich ein gelbes und ein grünes Schild, die Farben Brasiliens." Er versteht die Geste, wenn auch nicht das Deutsch, und bedankt sich herzlich, indem er ihr Gottes Segen wünscht. Die Frau wirkt etwas verlegen, ich kann sie gut verstehen. Was für uns so wenig Geld ist, kann hier große Freude bringen.

Wieder im Bus in unserer sicheren gewohnten sozialen Umgebung können wir den Reiseleiter dazu bewegen, auf dem Rückweg zum Schiff eine kurze Pause am Copacabana-Strand einzulegen. Viele Gäste haben den Strand noch nicht gesehen. „Zehn Minuten", ruft er uns nach, als wir am *Posto* 6 den Bus verlassen und den breiten Strand zum Wellensaum herunterlaufen.
„Das ist ja super hier", ruft ein Mitfahrer mit teurer Kamera und schießt Dutzende von Fotos hintereinander, auch Gabriele und ich nehmen die Gelegenheit wahr, Bilder zu machen. So entstehen innerhalb von Minuten einige der schönsten Fotos der Reise, und ich habe auch noch Zeit, einem Strandhändler etwas Essbares abzukaufen, eine *Empanada* mit Hähnchen, die frisch, warm und schmackhaft ist.

Um 18.30 Uhr legt das Schiff ab. Die Auslaufmelodie, die ich zunehmend romantisch finde, erklingt, und auf dem Panoramadeck ertönt die Stimme des Kreuzfahrtdirektors aus dem Lautsprecher: „Der Kapitän hatte den großen Wunsch, Ihnen diesen Blick zu bieten: den Sonnenuntergang über der Stadt vom Meer aus zu genießen." Die Dunkelheit verdeckt schon die Stadt an sich, und vom Schiff aus erscheint hinter den schwarzen Bergen der Himmel in hellem Gelb, darüber ziehen silbergraue Wolken, und umgeben von strahlendem Weiß breitet der Christus auf dem nun weit entfernten Corcovado die Arme aus. Ich wünsche dieser herrlichen Stadt, dass ihr Wahrzeichen die Übel von der Stadt fernhalten kann und halb im Unterbewussten wünsche ich auch, dass das Coronavirus diese Stadt verschont. Bisher fühlen wir uns noch sicher, von Krankheitsfällen ist hier nicht die Rede, das Zentrum der Pandemie liegt zurzeit in Europa.

Was mich am Abend stört, ist ein dick entzündeter Insektenstich auf meinem Fußrücken. Durch meine dünnen Strümpfe hat das Biest gestochen; am Strand oder im städtischen Urwald? Hoffentlich war es nicht mit Denguefieber infiziert. Die Stadt Rio ist ein Risikogebiet für diverse Tropenkrankheiten.

Überraschenderweise lindert mein Mückenmedikament sofort Juckreiz und Schwellung, mit Stichen deutscher Mücken habe ich sonst mehr Probleme. Entspannt gehe ich schlafen.

KAPITEL 6

Gatsby und der Weg nach Bahia

7. März 2020

1

Ich freue mich auf Ilhéus, eine Küstenstadt etwas südlich von Salvador da Bahia. Die Stadt ist bekannt durch die Kakaoplantagen der Umgebung. Die Kakaopflanzen wurden im 18. Jahrhundert aus dem Amazonasgebiet eingeführt und gediehen so gut, dass die Gegend zu beträchtlichem Reichtum kam.
An Bord unseres Schiffes ist auch der Chocolatier Oliver Coppeneur aus Bad Honnef. Er bereichert den Bordalltag immer wieder durch seine nahrhaften Präsentationen in der Showküche, viele Gäste lernten bei ihm bereits, Pralinen herzustellen. Eine Plantage, mit der er zusammenarbeitet, befindet sich in der Gegend von Ilhéus.

Eine andere Verbindung zu dieser Stadt habe ich durch die Lektüre des Romans *Gabriela wie Zimt und Nelken* aufgebaut. Der Autor Jorge Amado, einer der wichtigsten Romanautoren Brasiliens, stammt aus der Gegend. Geboren wurde er 1912 in Itabuna in der Nähe von Ilhéus als der Sohn eines Kakaoplantagenbesitzers. Mit achtzehn Jahren veröffentlichte er seinen ersten Roman und schrieb insgesamt 35 Bücher. Als junger Mann wurde er Kommunist und musste einige Zeit im Exil verbringen – in Buenos Aires und Prag, später lebte er in Paris, aber auch lange in Salvador da Bahia, wo er sich von den Hollywood-Filmrechten für seinen Roman *Gabriela wie Zimt und Nelken* ein Haus im vornehmen

Stadtteil *Rio Vermelho* kaufen konnte. Er war mehrfach verheiratet und starb 2001.
Nun, genau diesen Roman, der verfilmt und Vorbild für Telenovelas wurde, habe ich in den dunklen Wintermonaten Norddeutschlands gelesen, um besser darauf vorbereitet zu sein, was mich im Land atmosphärisch erwartet.
Das Buch war eine uralte Rowohlt-Ausgabe aus den 1990er Jahren, abgegriffen, kleingedruckt, antiquarisch, aber eine neuere Ausgabe konnte ich nicht finden. Ich begann mich in den informationsreichen, ausufernden Text einzulesen und war fasziniert.
Der Roman wurde 1958 geschrieben und spielt im Jahr 1925. Die Protagonistin lebt im Hier und Jetzt, frei von jedem Verantwortungsgefühl. Zunächst flieht sie mit einer Gruppe von Menschen aus dem Sertão, der steppenartigen Gegend im Hinterland, wo es wegen Dürre keine Nahrung und Arbeit mehr gibt, an die Küste. Sex gibt sie wie Nahrung an jeden, der ihr gefällt. Während ihrer Wanderschaft schläft sie mit einem alten Freund, der sie brennend liebt, aber in Ilhéus angekommen, geht sie fort von ihm, ohne zurückzuschauen, zu Nacib, einem syrischstämmigen Brasilianer, der sie als Köchin einstellt. Auch er entflammt in Liebe zu ihr, und sie verliebt sich in ihn, weil sie ihn schön findet und er sie gut behandelt. Sie liebt die Natur, ihr kleines Zimmer, einen Kater, den sie zähmt und nicht mit dem Besen verfolgt wie manche Nachbarn.
Weil sie Nacib nicht erzürnen will, bleibt sie ihm zunächst treu. Nach ihrer Heirat aber kann sie sich nicht in die Zwänge der Gattin eines wohlhabenden Geschäftsmanns einfinden und sehnt sich zurück nach ihrem früheren natürlichen und einfachen Leben. So sucht sie ihr Glück in einer Affäre.
Nacib ermordet sie und ihren Liebhaber nicht, so wie es in Ilhéus Brauch ist, sondern schlägt die beiden und schickt Gabriela fort. Am Ende nähern sich die beiden wieder in einer freiheitlichen, ebenbürtigen Beziehung an.

Was für ein ungewöhnliches Happy End, finde ich, für ein Buch aus den 1950er Jahren. Bei Amado sind Frauen entweder Ehefrauen, die durchaus Affären haben, wenn diese aber bekannt werden, bezahlen sie diese mit dem Leben, oder sie leben als Prostituierte. Oder es sind Frauen, die wie Gabriela die Liebe und Sexualität als Alltag leben und meist Geliebte älterer reicher Männer werden.

Jorge Amado berichtet über sie soziale Zusammensetzung der Bevölkerung im Ilhéus des frühen 20.Jahrhunderts. In dieser Hafenstadt am Atlantik finden sich Abkömmlinge aller möglichen Nationen, Araber, Russen, Portugiesen, Schiffsleute, alteingesessene Kakaopflanzer. Alle fühlen sich als Brasilianer. Man kämpft um Land, indem man Revolverhelden anheuert, die die Nachbarn umbringen. Es muss Urwald gerodet werden, natürlich durch Feuer, die Reste werden abgeholzt, um Platz zu schaffen für tausende Kakaobäume, weiter südlich für Kaffeeplantagen.
Mir war nicht klar, dass dies die traditionelle Art ist, wie in Brasilien schon immer gerodet wurde. Anders als in Uruguay und Argentinien, wo die Weideflächen für das Vieh natürlich vorhanden sind, schaffen Großbauern in weiten Teilen des Amazonaswaldes durch Feuer für Rinder- und Sojafarmen Platz und zerstören den Regenwald, der nun im Bewusstsein der Menschen eine lebenswichtige Bedeutung für die ganze Welt hat, und diese Welt schaut entsetzt zu.

Ich freue mich auf meinen Besuch in Ilhéus - dort interessieren mich nicht die Kakaoplantagen (die habe ich schon einmal in der Dominikanischen Republik gesehen), sondern die Stadt, Nacibs Café, die Plätze, die Amado beschrieb, das Haus, von dessen Fenster aus seine Figur Gloria den vorbeigehenden Männern schöne Augen machte, Gloria, die alle paar Wochen Besuch von dem siebzigjährigen Plantagenbesitzer bekam, der ihre Wohnung und ihren Lebensunterhalt in der Stadt finanzierte.

Diese Atmosphäre fasziniert mich. Ich habe eine Stadtbesichtigung geplant und einen halben Tag am *Millionarios Beach*, ein Strand, den die Reiseveranstalter als Ort beschrieben hat, an dem die Brasilianer selbst gern ihre Freizeit verbringen.
Aber nun erwartet mich eine große Enttäuschung. Am Morgen höre ich in meiner Kabine die Durchsage des Kreuzfahrtdirektors: „Wir werden leider heute nicht in Ilhéus anlegen können. Grund dafür ist ein Frachter, der wegen des schlechten Wetters in den letzten Tagen seine Fracht nicht vollständig löschen konnte. Daher belegt das Schiff den Platz, der für unser Kreuzfahrtschiff vorgesehen war. Es ist uns leider nur möglich, direkt nach Salvador da Bahia zu fahren. Wir haben die Erlaubnis bekommen, dort über Nacht zu liegen. Die gute Nachricht ist also, dass unser Aufenthalt in Bahia länger sein wird. Dem Kapitän tut es sehr leid Ihnen dies mitteilen zu müssen, aber es liegt nicht in unserer Macht, dies zu verändern."
Ich bin unsäglich enttäuscht. Eins meiner besonders ersehnten Ziele hat sich in Luft aufgelöst. So einfach verändern sich die Dinge bei einer Kreuzfahrt. Mir war bisher nicht klar, wie abhängig diese Schiffe von den Bedingungen in den Häfen, vom Wetter, von den Bestimmungen und manchmal unverständlichen Vorgaben der Behörden der jeweiligen Länder sind. Mir bleibt nichts anderes übrig, als die Erlebnisse, die möglich sind, zu genießen. Und interessiert betrachte ich beim Frühstück die anderen Gäste, ich bin erstaunt, mit welchem Gleichmut sie die Ankündigung aufnehmen. Ich kann nicht feststellen, dass sich irgendjemand über die Änderung beschwert. Die gebuchten Ausflüge werden einfach gestrichen, das Geld erstattet. Das Erlebnis fehlt.

Nun gut, da ist Flexibilität gefragt. Schließlich gibt es genug andere Angebote zum Glücklichsein. Ich schaue ins Bordprogramm und finde die Ankündigung einer Juwelenpräsentation. Eine Mitarbeiterin der Bordboutique möchte bei einem Glas Sekt „in die Welt

der Diamanten und Perlen" einführen. Das lasse ich mir nicht entgehen, so habe ich mir das Kreuzfahrtleben vorgestellt.
Es gibt nur ein paar Interessenten, und ich bin überrascht über die kenntnisreiche Art, wie die junge Frau uns mit ihrem Vortrag fasziniert. Wer wusste schon, dass Diamanten vulkanischen Ursprungs sind und vor ca. 450 Millionen Jahren entstanden sind? Dass es Diamanten in unzähligen Farben gibt, weiß, gelblich (mit Stickstoff), grün (der Kristall hat einen Gitterdefekt), rosa, rot (mit Eisen), blau (mit Bor)? Ich jedenfalls nicht. Und was macht den holländischen Rosenschliff aus? Wie erkenne ich die Qualität von Diamanten, und wer kann sich vorstellen, dass man sie am besten mit Spüli und Wasser pflegt? Wertvoller Schmuck hat in meinem bisherigen Leben kaum eine Rolle gespielt. Da ich mein ganzes Leben lang von selbstverdientem Geld leben musste, war für solchen Luxus nichts übrig. Wertvolle Schmuckgeschenke hielten sich in Grenzen, die verbinde ich mit einem traditionellem, jetzt für mich antiquierten Frauenbild. Trotzdem muss ich gestehen, dass Schmuckstücke bei näherer Betrachtung wunderschön sein können.
Die junge Frau erzählt nun von Perlen, die organischen Ursprungs seien im Gegensatz zu Diamanten. Es ist spannend zu erfahren, wie der Mensch Wege findet, die Natur zur Produktion von Perlen in den erwünschten Formen anzuregen. Dies geschieht durch die Injektion von Quarzkernen, die die gewünschte Form schon besitzen. Die Kerne werden dann von der Muschel im Laufe von Jahren mit Perlmutt überzogen. Dadurch sind gleiche Perlen schwer erhältlich, jede Perle ist individuell. Um diese Zuchtperlen von synthetischen Perlen zu unterscheiden kann man das Gewicht betrachten, Zuchtperlen haben ein geringeres Gewicht. Große deutsche Juwelierketten haben eigene Perlenfarmen in der Südsee. Zum Abschluss zeigt sie uns Beispiele der Schmuckstücke aus ihrer Boutique, und allen ist klar, dass dies auch eine Verkaufsveranstaltung ist. Und dies mit Erfolg: In den nächsten Tagen sehe ich einige

der Teilnehmerinnen unschlüssig oder lauernd vor den Auslagen entlangschleichen und auch ich kaufe am nächsten Tag ein hübsches, vergleichsweise preiswertes Armband mit einem schönen braunglänzenden Band und einer einzelnen Perle, ein Ensemble, das gut zu meiner *Kerbholz*-Uhr aus hellbraunem Holz und olivfarbenem Leder passt.

2

Der Kapitän und die Reiseleitung laden an diesem Abend zu einem Gala-Diner ein, es ist nicht das traditionelle Captain's Dinner – dies gibt es auf unserer Reise nicht –, aber heute ist die Gelegenheit, den Kapitän persönlich zu begrüßen, mit einem Erinnerungsfoto. Dies wird wohl der feierlichste Abend auf dieser Kreuzfahrt. Und der ungewöhnlichste für mich, denn solche Veranstaltungen sind mir ziemlich fremd. Mein Gepäck besteht nur aus einem großen Koffer (es waren zehn Kilo mehr erlaubt), aber um nicht ganz deplatziert zu wirken, habe ich immerhin für solche Anlässe ein langes Kleid und Schmuck aus dem Nachlass meiner Mutter eingepackt. Nun schaue ich mich kritisch im Spiegel an und zupfe das blaue Kleid mit dem weiten Ausschnitt zurecht. Mir gefällt die Kette mit den schimmernden Mondsteinen, die ich dazu ausgesucht habe, und ich lege den goldenen Ring mit dem großen schön geschliffenen Aquamarin an (leider kann ich den Schliff trotz Bemühungen der Schmuckreferentin nicht professioneller benennen).

Meine Mutter ist vor einigen Jahren verstorben und hinterließ mir ihre Schmuckschatulle, die in Jahrzehnten gesammelten Ketten, Ringe und Armbänder hat sie bis zu ihrem Tod getragen. In den 1960er Jahren, als ich ein kleines Mädchen war, habe ich den Aquamarinring oft an ihrer Hand bewundert – ein so wertvolles Stück an meiner gutaussehenden Mutter! Mein Vater schenkte ihn ihr nach einem genussvollen Ausflug zum einzigen Juwelier in meiner kleinen Heimatstadt. Der Ring war eines der ersten luxuriösen Dinge, die sich meine Familie in der Nachkriegszeit leisten konnte. Was Lebensmittel und Haushalt anging, musste meine Familie sparen, den ersten Urlaub innerhalb Deutschlands gab es 1968, auch Telefon und Fernsehapparat wurden erst zu der Zeit für meine Familie erschwinglich. Meine Mutter hat Zeit ihres Lebens davon geträumt, mit ihrem Mann eine Mittelmeerkreuzfahrt zu machen, sie hat ihn jedoch später, als die finanziellen Möglichkeiten da waren, nicht dazu bewegen können. Er reiste nicht gern und kümmerte sich lieber um Haus und Garten. Erst nach dem Tod meines Vaters, als beträchtliche Geldreserven zum Vorschein kamen, die er in seinem Arbeitszimmer versteckt hatte, lud sie mich zu einer Kreuzfahrt ein. Aber bevor es dazu kam, bekam sie gesundheitliche Probleme und konnte diese Kreuzfahrt in ihrem Leben nie machen. Heute fühle ich mich so, als ob ich diesen Abend für sie erlebe. Ich setze mich an einen Tisch für Zwei in der Atlantic Show Lounge, bestelle einen Prosecco (nein, nicht zwei) und stelle mir vor, sie wäre bei mir. Zärtliche Gedanken, während das Show-Ensemble zur Musik der Zwanziger Jahre performt, die Männer in hellen Anzügen, Hüten oder den typischen Gatsby-Kappen, die Frauen mit brünetten Pagenköpfen, Federkopfschmuck, langen Perlenketten und schulterfreien Kleidern. Dann eine Nummer mit einer atemberaubenden dunkelhaarigen Tänzerin in Fransenbikini und silbernen High Heels, sie singt „you give me fever" mit solcher Inbrunst, dass ich seufze und meine Mutter aus meinen Gedanken verschwindet. Eine gelungene, stimmige Show. Ich geselle mich danach gut gelaunt zu meiner Tischgruppe für einen letzten Cocktail an der Bar.

Auf dem Bett in meiner Kabine liegt der Ausdruck einer Mail meiner Freundin Marie aus Deutschland.

Liebe Renate,
ich finde es wirklich super, dass du die Reise wie geplant antreten konntest und jetzt voll in den neuen Welten mit intensiven Eindrücken steckst.
Du hast sicherlich von dem Corona-Virus gehört. Die Leute hier drehen ziemlich durch und kaufen alle Supermärkte leer. Die Medien bauschen alles total auf. Mir war es aber zu unsicher, unter diesen Bedingungen in vollen Zügen wie geplant nach Paris zu fahren, deshalb habe ich diese Reise abgesagt und bin letztendlich zu Hause geblieben. Genieß alles, bin auf deine Fotos gespannt. Herzlichst, Marie.

Die Leute kaufen alles leer? Das hört sich bedrohlich an. Unwillkürlich denke ich an unsere kleine Speisekammer zu Hause, viele Vorräte könnten wir nicht horten, falls irgendwann die Versorgung mit Lebensmitteln nicht mehr funktioniert. Aber natürlich gäbe es Platz irgendwo im Haus, diese Ängste sind unbegründet, das weiß ich natürlich. Trotzdem habe ich Angst.
Ich rufe meine Frau an, Satellitentelefon, das funktioniert gut, aber es ist wirklich sauteuer. Sie bestätigt, was meine Freundin schrieb, ist aber nicht allzu besorgt. Ihre Arbeit beschäftigt sie mehr. Oder will sie mich nicht beunruhigen?
Das Schiff pflügt durch die Wellen in der Dunkelheit, ich betrachte beklommen das Schauspiel vom Kabinenfenster aus. Der Seegang ist beträchtlich in dieser Nacht und die Wellen türmen sich für meinen Geschmack etwas zu nah vor meinem Fenster. Das Schiff rauscht mit höchstmöglicher Geschwindigkeit in Richtung Bahia. Es muss die Stadt bis zum nächsten Nachmittag erreichen, so die Anordnung der dortigen Hafenbehörden, was nur mit äußerster Motorkraft zu erreichen ist. Ich schlafe unruhig in dieser Nacht. Ich fühle mich so weit weg von zu Hause.

Vor der Grabstätte der Familie Duarte, in der Evita Perón beigesetzt ist (Recoleta-Friedhof Buenos Aires)

Rund um das Stadiongebäude des legendären Fußballclubs Boca Juniors halten Malereien Situationen aus dem Leben und der Geschichte Argentiniens fest. Hier die Erinnerung an die Meeresreise der Einwanderer aus Italien

Ein Verkäufer präsentiert stolz Gemälde von typischen Szenen aus dem Arbeiter- und Tangostadtteil La Boca

Erstaunliche Menge an Pampasgras auf der Fahrt zu einer Estancia

Das friedvolle Innere einer kleinen Kirche in Canelones, Uruguay

Im Zentrum von Montevideo, Uruguay

Die meisten Papageien der Reise sah ich in einem Park mitten in Montevideo. Hier bauen Mönchssittiche laut kreischend riesige Nester.

Ilha Grande, Brasilien, überraschend naturbelassen tropische Insel nahe den Großstädten São Paolo und Rio de Janeiro

Keine Zeit, um diese vermutlichen Köstlichkeiten zu probieren, bedauerlich

Detaillierte Graffiti schmücken einige Hauswände auf Ilha Grande

Das Kreuzfahrtschiff im Hintergrund unter Wolken, Ilha Grande

Blick vom Corcovado auf den Zuckerhut im morgendlichen Dunst

Copacabana, herrliche Wellen, Palmen, sonnige Bars

Eine der Baianas, Frauen, die traditionelles Essen anbieten und mit den Farben ihrer Kleidung ihrer spezielle Gottheit, Orixa, huldigen, Salvador da Bahia

Gut gelaunt auf dem Sonnendeck

Silhouette von Salvador da Bahia, Hafengebäude in der Unterstadt, die barocken Gebäude der Kolonialzeit in der Oberstadt und der berühmte Aufzug, der beide Teile verbindet

Im Pelourinho an einem der wenigen Momente, in denen die Sonne hervorkam. An diesem Tag war ich zweimal völlig durchnässt.

Schiff ohne Hafen

Fröhlicher Willkommenstanz für die Kreuzfahrtgäste, ganz berührend.

Die Geier von Belém

Position des Schiffes an meinem 66. Geburtstag, mitten im Amazonasgebiet. Ab heute gehen wir bis Bremerhaven nicht mehr von Bord.

Typisches Dorf am Ufer des Amazonas, große Wohngebäude, oft eine christliche Kirche, kleine Wiesenflächen für Rinder, Bootsanleger

Der Willkommensgruß von Manaus gilt für unser Schiff nicht.

Die Stadt ist unerreichbar, ein Polizeiboot stellt sicher, dass wir auf dem Schiff bleiben.

Das Motto des Amazonasschiffes: Jesus gibt dich nicht auf, könnte auch für uns ein Trost sein.

Weit weg vom Festland in unendlichem Blau

Nach vielen Tagen auf dem Ozean sichten wir zum ersten Mal europäisches Land, die Insel La Palma heißt uns willkommen

Im Morgengrauen vor Bremerhaven. Endlich zu Hause.

KAPITEL 7

Iemanjá und die Wasser von Salvador

8./9. März 2020

Es ist 15 Uhr am 8. März, dem Internationalen Frauentag. Unser Schiff hat von Rio de Janeiro aus fast 900 Seemeilen zurückgelegt, und wir fahren nun in die Bucht von Salvador da Bahía ein, umfahren die Spitze mit dem Leuchtturm Farol da Barra. Das Meer ist bewegt, blau wie der Himmel, viele kleine Wellenkämme rauschen durch die weite Einfahrt zur Bucht, an Land recken sich die unvermeidlichen schmalen weißen Hochhäuser des Stadtteils *Barra* hinauf zu den aufgetürmten weißen Wolken. An Deck ist es unerträglich schwül, also beobachte ich die Einfahrt von der Panoramabar aus, in der es durch die Klimaanlage eiskalt ist. Von hier aus habe ich den gleichen umfassenden Blick auf Bucht und Stadtlinie wie der Kapitän auf der Brücke eine Etage tiefer. Ich ziehe fröstelnd meine Jacke zusammen.

Frachtschiffe, Segelboote, Fischerboote, Fähren kreuzen in der Bucht hin und her, und dann zeigt sich eine der Besonderheiten dieser Stadt. In der *Bahia* de *Todos os Santos* gibt es unten am Meeresrand ein langgestrecktes Hafenviertel mit Lagerhallen, Kais, einigen hohen Wohnhäusern, einer geschützten Hafeneinfahrt in einen kleinen Teilhafen, dahinter eine ebenfalls langgezogene grünbewachsene Hügelregion, durch die eine breite Straße in einer weiten Serpentine hinauf zur Oberstadt führt. Nicht nur über diese Straße sind die beiden Teile der Stadt verbunden, ich sehe auch den berühmten Aufzug, einen quaderförmigen elfenbeinfarbigen Turm, gleich neben der ebenfalls elfenbeinfarbigen Markthalle des *Mer-*

cado Modelo erhebt er sich hinter der Kaimauer. Der Aufzug, erbaut 1928 im Art-Déco-Stil, befördert, wie uns gerade die Bordansage erklärt, täglich Zehntausende von Menschen zwischen der Ober- und der Unterstadt hin und her.

Vom Schiff aus zeigt sich nun die langgezogene Kulisse der Oberstadt. Weiße Hochhäuser wechseln sich ab mit grünen Parks, immer wieder tauchen barocke Türme der zahlreichen Kirchen aus der Kolonialzeit zwischen den moderneren Häusern auf, zu früheren Zeiten waren dies sicherlich die höchsten Gebäude der Stadt. Am langgezogenen Kai erwartet uns die *Costa Pacifica*, ein großes italienisches Kreuzfahrtschiff. Unser Kapitän legt in einem eleganten langsamen Halbkreismanöver an der Kaimauer an. Meine Mitreisenden und ich sind gebührend beeindruckt. Ich freue mich auf den Besuch der Markthalle. Mein Freund Humberto, der aus Venezuela stammt und schon oft in Brasilien war, hat begeistert von dieser Markthalle erzählt und davon, dass es dort Hängematten aller Art gebe und ich unbedingt eine davon mitbringen solle.

Die Mehrzahl der Bewohner von Bahía ist schwarz. Ihre Vorfahren wurden hauptsächlich von Angola aus verschleppt und zur Arbeit auf den Zuckerrohrplantagen im Hinterland gezwungen. Angola ist, wie die Reiseleiterin auf unserem Schiff bemerkte, nicht weiter von Bahía entfernt als einige entlegene Gegenden in Brasilien. Diese Erkenntnis fasziniert mich, das Meer war auch im 17. Jahrhundert, so wie jetzt, nicht unüberwindbar. Die Entfernungen über das Wasser wie Strecken an Land zu sehen eröffnet mir einen neuen Blickwinkel.

Ich bin auch deshalb gespannt auf die Stadt, weil ich in den letzten Seetagen Jorge Amados Roman „Tote See“ gelesen habe. Er erzählt vom harten Leben der Menschen im Hafen von Bahia, vom Stolz

der Männer, die mit ihren eigenen Segelschiffen Frachtgut von den einzelnen Orten, die die große Bucht säumen, nach Bahía bringen, Zucker, Seide, Leder aus dem Hinterland. Er erzählt von der Armut, der täglichen Gefahr durch aufziehende Unwetter und von dem unausweichlichen Schicksal der Seeleute, denn jedes dieser Schiffe wird einmal kentern und der Seemann wird sein Leben verlieren, durch Ertrinken oder durch die Haie, die vor der Buchteinfahrt lauern. Der Roman erzählt von den Frauen im Hafen, die jeden Abend auf ihre Männer warten und früh Witwen werden und dann nur noch die Möglichkeit der Arbeit in Fabriken oder der Prostitution haben, um sich und ihre Kinder durchzubringen. Daher sollte ein Seemann nicht heiraten, sagen die Menschen dort, tut es aber unausweichlich doch, denn die Nacht auf dem Meer ist für die Liebe gemacht und es muss einen Sohn geben, der das Frachtschiff übernimmt und die Liebe zum Meer. Mit der weltlichen Schönen, die der Seemann irgendwann heiratet, konkurriert die Meeresgöttin Iemanjá, der der Mann eigentlich bestimmt ist. Sie ist Mutter und Geliebte zugleich und erscheint in hellen Mondnächten. In blondes Haar gehüllt, wandelt sie nackt unter den Wellen, man sieht ihr Haar, wenn der Mond über dem Meer steht. Wer im Sturm umkommt, zählt zu ihren Auserwählten, und diejenigen Männer, die sterben, weil sie jemand anders retten wollen, ziehen mit ihr über alle Meere, ihre Leichen werden nie gefunden.
Am letzten Abend in der Kabine war ich so fasziniert von Amados lyrischen Beschreibungen der Meeresgöttin und vom dramatischen Sog dieser tragischen Erzählung, dass ich mich fast selbst auf den Meeresgrund gezogen fühlte.

Einfacher ist es nun, zusammen mit Brigitte und Gabriele die Gangway herunterzuschreiten, dem Fotografen kurz Modell zu stehen (wir tragen alle helle Hosen, bunte Shirts und die blauen Leihschirme der Reederei, aufgespannt natürlich, denn es regnet inzwi-

schen heftig) und dann über die vielbefahrene Hafenstraße einen Fußweg zum nahegelegenen *Mercado Modelo* zu suchen.
Die Schwüle erstickt mich fast, mir wird ein bisschen schwindlig vom Motorenlärm, der schadstoffbeladenen Luft, dem Suchen eines Gehwegs zwischen tiefen Pfützen und holprigen Pflastersteinen. Die umliegenden Gebäude sind schmutzig, teils beschädigt.
Irgendwann erreichen wir die Markthalle, an deren Eingang gerade ein Gitter verschlossen wird. Es ist 16.50 Uhr, der Markt schließe jetzt, wird uns in harschem Ton erklärt. Enttäuscht machen wir uns auf den Weg zurück zum Schiff. Durch diesen Verkehr im Regenwetter weiter zum Hafen zu stapfen ist uns allen drei zu beschwerlich und mich ängstigt diese Stadt, das verwahrloste Aussehen der Hafengegend. Natürlich habe ich auch im Kopf, dass ein Spaziergang hier nicht ungefährlich ist, wieder trage ich keine Kamera, keinen Schmuck, keine Tasche bei mir.
Brigitte, als welterfahrene Kreuzfahrtreisende, erklärt, besonders enttäuscht: „Die Menschen hier sind nicht so freundlich, wie ich das zum Beispiel aus Asien kenne. Dort wären solche Märkte bis weit in die Nacht geöffnet, man würde uns freundlich hereinbitten und sich um uns bemühen, hier sind die Menschen ablehnend.“
Ich kann ihr nicht widersprechen. Es ist ja nicht so, dass Hunderte Touristen die Markthalle überschwemmen, wir sind gerade allein unterwegs und es braucht sich niemand von uns genervt zu fühlen, finden wir.
Es bleibt uns nichts anderes übrig, als uns auf den nächsten Tag zu freuen, an dem wir einen geführten Ausflug in die Oberstadt gebucht haben. Und eigentlich auch einen Ausflug, der uns an die Strände Salvadors führen soll. Dieser aber findet gleichzeitig mit dem anderen statt, eine Planungspanne.
Wie romantisch hatte ich mir diesen Ausflug bei der Buchung vorgestellt! Paradiesische Palmenstrände, sanfte Sonne, kühle Drinks am Strand, Zeit für ein kurzes Schwimm- und Schnorchelabenteuer.

Die Wirklichkeit (prasselnder Regen, durchweichte Kleidung, unerträgliche Schwüle) hätte mich am Traumstrand, wenn es ihn denn gibt, unliebsam eingeholt. Dann lieber ein Ausflug in die Stadt.

Am nächsten Tag stapfen wir mit aufgespannten Schirmen durch Pfützen auf einem der Hauptplätze des *Pelourinho*, der hübsch renovierten Altstadt von *Bahía*. Der *Terreiro de Jesus* ist von drei großen barocken Kirchen umgeben. Wir überqueren den Platz in atemraubendem Tempo, um den Reiseleiter nicht aus den Augen zu verlieren, vorbei an Schuhputzern und Ständen mit einheimischem Fast Food. Leider keine Zeit, davon etwas zu kosten. Der *Cruzeiro de San Francisco* führt zu dem wuchtigen Franziskanerkloster, errichtet zu Beginn des 18. Jahrhunderts, dessen Kirche jeder Tourist besucht haben muss. Die Straße ist gesäumt von malerischen zweistöckigen Häusern mit Fassaden in Grün, Gelb, Rosa und Hellblau, die Tür- und Fensterrahmen sorgfältig mit Weiß umrahmt, die kleinen Balkone eisengitterbewehrt. Und ich halte auf einem Foto eine der Frauen in der traditionellen Tracht fest, sie trägt weiße und rote lange Röcke, Schürze und Bluse und ist schnellen Schrittes unterwegs, was bei ihrer Leibesfülle und dem ausladenden Kostüm durchaus eine Leistung darstellt.
Der hervorragend informierte Reiseleiter erzählte auf der langwierigen Strecke durch die Oberstadt über die *Candomblé*-Rituale der Einwohner Salvadors zu Ehren eines der fünfzehn *Orixas*, der aus Afrika mitgebrachten Götter. „Jeder dieser Götter hat seine traditionellen Farben", berichtete der Reiseführer Markus, ein Mann aus Bahía, „und Gäste sind bei den Zeremonien normalerweise willkommen, jedoch seien Sie vorsichtig, welche Farben Sie tragen, vielleicht ist es die Farbe eines Gottes, mit dem der gerade Gefeierte in Konflikt ist. Weiß zu tragen ist am sichersten."
So richtig glaubte ich ihm das nicht, ich würde mich einer solchen Zeremonie aus Respekt eher fernhalten.

Wir stiegen auf der weitläufigen *Praça Tomé de Souza* aus, dem Platz, von dem die Menschen der Oberstadt in den Aufzug einsteigen können, der sie in die Unterstadt bringt. Und gleich empfing uns mit einem freundlichen Lächeln eine unsagbar dicke Frau mit wehenden Röcken und Schürzen, in Blau und Weiß gekleidet, mit einem weißblauen hohen Turban und langen blauen und weißen Ketten geschmückt. Für einen Euro ließ sie sich fotografieren, das ist ihr Tagewerk. Jetzt in der Regenzeit finden sich nur wenige Touristengruppen auf dem Platz, möglicherweise ist dieses berühmte Zentrum sonst überlaufener.

Nun folgen wir dem Reiseleiter durch bunte Straßen mit Verkaufsständen. Es gelingt mir, eine mit typischen Straßenszenen der Stadt bestickte Stofftasche zu erstehen, das kostet zwei Minuten, schade, gern hätte ich mit der Verkäuferin ein paar Worte gewechselt und ihren Stand genauer angeschaut, aber die zahlreichen Ausflügler hasten hinter dem Reiseleiter her. Das, was der Kreuzfahrerin fehlt, ist Muße, ist Zeit, die Stadt auf sich wirken zu lassen.
Es bleibt mir nun nichts anderes übrig, als der Gruppe in Richtung der Kirche San Francisco zu folgen. Und es lohnt sich: Der Innenraum der Kirche ist reich geschmückt mit vergoldetem Schnitzwerk, beleuchtet von elektrischen Kerzen und in den Ecken angebrachten kleinen, hellen Scheinwerfern, die Decke übersät mit verwirrenden grafischen Mustern in Weiß und Gold. Nackte Engelsfiguren mit sehr menschlichen Jungmännerköpfen schauen auf die Besucher hinab, die sich schwitzend und der Ohnmacht nahe im Raum drängen und versuchen, ihre jeweiligen Führer zu verstehen.
Es ist so heiß! Ich muss flüchten vor dieser Opulenz und Enge, der Hitze und den Menschenmassen, heraus aus dem Portal in eine Seitenstraße, in der Häuser mit Tukan-Graffiti bemalt sind. Ich verschwinde in den kleinen Laden von *Mestre Curio*. Die Empfehlung habe ich aus einem der Reisebücher. In seinem Laden sind Congas,

viele Arten von Kalebassen mit Muschelketten zum Rasseln, verschiedene Saiteninstrumente, sogar Xylophone aus rohem Holz ausgestellt. Gern würde ich eines der kleineren Percussionsinstrumente kaufen, auch wenn das schnell gehen müsste, aber der Inhaber des Ladens ist nicht zu sehen.
Und nun, auf dem Weg hinunter durch zum *Largo do Pelourinho,* dem abschüssigen Platz, auf dem Sklaven versteigert wurden, schüttet Iemanjá ihre Wasser auf uns herab. Trotz Schirmen oder durchsichtigen Regencapes werden wir völlig durchnässt, das Wasser scheint von überall her zu kommen, das Meer uns von oben zu durchtränken. Nein, es ist kein Meerwasser, und die Meeresgöttin hat eigentlich nur in der Bucht und in der Unterstadt ihr Reich, aber so genau nehme ich es mit der Mythologie nicht, einen solchen Regenguss habe ich noch selten erlebt.
Unbeeindruckt bleibt der Führer, durchnässt trotz Schirm, vor einem großen, blauweißen Gebäude stehen. Er erzählt in recht gutem Deutsch: „In dem Gebäude wurde 1987 die *Fundaçao Casa de Jorge Amado* eingeweiht, und in den nächsten Jahren fand eine umfassende Restaurierung der Gebäude des Pelourinho statt."
Am Balkon eines royalblauen Hauses sehe ich ein Plakat, auf dem ein zorniger Michael Jackson, um Aufmerksamkeit heischend, den Arm hebt, den Mund aufgerissen, die andere Hand in typischer Geste am Schritt. „Hier wurde das Video zu seinem Lied *What about us* gedreht", informiert uns der Reiseleiter.
Beschirmte Einheimische wie Touristen stapfen die steile Straße hinab, auf deren rechter Seite reiht sich eine hübsche Kirche mit grauer und hellblauer Fassade und Barocktürmen in die Häuserzeile ein. „Diese Kirche heißt *Igreja Nostra Senhora do Rosario dos Pretos* und wurde von Sklaven und Freigelassenen im 18. Jahrhundert erbaut, damit sie ihrer eigenen Religion nachgehen konnten, die sich mit dem Katholizismus vermischte. Eine Besonderheit ist, dass die Heiligenfiguren schwarze Hautfarbe haben."

Ich mag den Reiseleiter Markus, der sich viel Mühe gegeben hat, die Sprache seiner deutschen Gäste zu lernen, im Internet und mit einigen Sprachkursen, wie er berichtet, und uns gekonnt und kenntnisreich über seine Stadt informiert.
An der *Praça da Se* steigen wir wieder in unseren Bus, mit tropfenden Schirmen, meine Bluse ist völlig durchnässt, die Schuhe voller Wasser. Vielleicht war es kein Unwetter, das Iemanjá uns geschickt hat, aber stundenlanger heftiger Landregen, unterbrochen von einigen Sonnenminuten, die Steigungen der Stadt schwer zu bewältigen in der schwülheißen Luft. Eine Grenzerfahrung; einige Reisende lachen, ja hier stellen wir uns einem Unwetter, das wir zu Hause vermeiden würden.
Den Mittag verbringe ich standesgemäß im klimatisierten Restaurant auf dem Schiff. Aber nun muss ich unbedingt einen zweiten Versuch machen, um den Markt zu besuchen.
Es hat aufgehört zu regnen, als ich am frühen Nachmittag die Gangway herabsteige. Wieder der Weg über die verkehrsreiche Straße am Kai, vorbei an parkenden Mopeds und Reisebussen, für Fußgänger gibt es keine eigenen Wege. Und ich komme auf dem Platz vor dem Mercado Modelo an und kaufe erst einmal eine Kokosnuss. Die lächelnde Verkäuferin öffnet sie für mich, der kühle Saft ist beruhigend und erfrischend.

Nun stehe ich in der oberen Etage der ausgedehnten Markthalle an einem Verkaufsstand, an dem Dutzende von Hängematten auf Käufer warten. Meinte mein Freund Humberto vielleicht diesen Ort? Unten gab es Hängematten mit einfachen Mustern und gedeckten Farben, die im Preis stark reduziert waren. Ich bin froh, noch in diese versteckte Ecke gelangt zu sein. Der Stand gehört zu einem Ehepaar mittleren Alters. Die beiden beobachten, welche Hängematten ich berühre, wo ich stehen bleibe. „Ihr gefällt die Rote", sagt die Frau, als der Mann versucht, mir ein anderes Exem-

plar auszurollen. Also nehmen beide die gewebte rote Hängematte auseinander. Sie ist mit bunten Fäden verziert und lang genug für mich, falls ich zu Hause irgendeinen Platz finden werde, um sie aufzuhängen.
Ich erinnere mich an meine Freundin Gil, mit der ich vor vielen Jahren in ihrer winzigen Wohnung in Hamburg-Eimsbüttel auf einer roten Hängematte gesessen habe, die ihr halbes Wohnzimmer einnahm. Sie war Jahre zuvor aus Brasilien mit ihrem deutschen Ehemann eingewandert und die Hängematte bedeutete ein Stück Heimat für sie.
Ohne zu wissen, wie ich dieses Stück jemals mit meinem übrigen Gepäck im Flugzeug befördern kann, entscheide ich mich, sie zu kaufen. Ich frage nach dem Preis, handle ihn eine Kleinigkeit herunter (worüber ich mich nachher ärgere) und halte den Verkäufern die Scheine hin. Die beiden sehen glücklich aus und bedanken sich herzlich.
Ich schäme mich etwas, die Summe war deutlich niedriger als in meiner Vorstellung.

Auf dem Weg zum Ausgang passiere ich farbenfrohes Kunsthandwerk, Wohntextilien, bunte Figuren, Silberschmuck, Lederwaren. Es gibt nicht viele Kunden, wo sind die Menschen von meinem Schiff? Der Markt scheint nur wenig zu interessieren, und Einheimische sind kaum zu sehen. Aber als ich die breite Treppe zur unteren Ebene absteigen will, bemerke ich zwei junge Männer, die am Treppengeländer lehnen, beide rechts und links auf gleicher Höhe, strategisch platziert für einen Überfall? Zumindest mustern sie mich verdächtig, finde ich, aber wieder trage ich keinen Schmuck und keine Tasche, nur meine Hängematte in einer Plastiktüte.
Sie lassen mich unbehelligt durch. Etwas Paranoia ist durchaus da, ich bin vorsichtig und versuche, unsichere Situationen wahrzuneh-

men. Was hätte ich tun können, wenn sie mich wirklich hätten überfallen wollen? Nicht viel, es waren keine anderen Menschen in direkter Nähe. Aber meine Hängematte schien die jungen Männer nicht zu reizen. Oder unterstelle ich da etwas?
Ich versuche, sicheren Schrittes den Ausgang zu erreichen, und erblicke meinen Tischgenossen Cornelius, der sich furchtlos, auf seinen Stock gestützt, langsam durch einen engen Gang bewegt. Ich bin beeindruckt. Entweder hat er weniger zu verlieren als ich (immerhin ist er mindestens fünfzehn Jahre älter) oder seine umfassende Erfahrung als Kreuzfahrer gibt ihm eine Sicherheit, die mir noch fehlt. Hm. Wenn ich ihn so sehe, kann ich mir vorstellen, dass dies vielleicht doch nicht meine letzte Kreuzfahrt sein wird. Mit 87 werde ich es auf einer Weltreise noch mal richtig krachen lassen, nehme ich mir vor.

Und in der Sekunde, in der ich aus dem *Mercado Modelo* heraustrete, werde ich zum zweiten Mal an diesem Tag völlig durchnässt. Der Himmel hat sich wieder zugezogen, furchterregende dunkelgraue Wolken ergießen Sturzbäche ganz konzentriert auf mich. Diesmal habe ich keinen Schirm dabei, und ich jogge die paar Hundert Meter zum Schiff in einem Tempo, das ich mir selbst in meinem Alter nicht mehr zugetraut habe. Iemanjá, die Meeresgöttin, wohnt auf einem Felsen nicht weit von dem Ort, an dem ich jetzt versuche ins Hafengebäude zu gelangen, und zeigt mir noch einmal ihre Kraft.

Wieder in meiner Kabine lese ich die aktuelle Tagesrundschau und erschrecke. Die Schlagzeilen lauten: „Norditalien mit 15 Millionen Einwohnern wegen Corona-Epidemie abgeriegelt". Es besteht ein Ein- und Ausreiseverbot, um die Epidemie nicht in die Mitte und den Süden Italiens zu übertragen. Schulen und Universitäten sind landesweit geschlossen, ebenso wie Museen, Kinos und Theater.

Flüge finden statt, die Grenzen in die Nachbarländer sind offen. Das Auswärtige Amt in Berlin rät von nicht erforderlichen Reisen in die autonome Provinz Bozen-Südtirol ab. Die Anzahl der bestätigten Coronavirus-Fälle in Deutschland hat sich auf fast 950 erhöht, die meisten Fälle in Nordrhein-Westfalen und in Bayern. Ein erster Deutscher ist an der Krankheit gestorben. Gesundheitsminister Spahn fordert die Absage von Veranstaltungen mit mehr als tausend Gästen. In meinem Leben hat es solche Maßnahmen noch nicht gegeben.

Ein ganz ungutes Gefühl beschleicht mich. Vielleicht geht es bei dieser Erkrankung um Leben und Tod vieler Tausend Menschen. Ich denke an den Tsunami in Asien 2004, bei dem über 200.000 Menschen ums Leben kamen, das einzige weltweite Unglück mit einer solchen Menge von Toten, das ich in meinem Leben erlebt habe.

Das Schiff verlässt Salvador da Bahía um 18.00 Uhr. Der Abend verläuft eher ruhig, es werden einige Musikveranstaltungen und eine Lesung über einen dramatischen Segeltörn angeboten. Ich halte durch bis zum Late Night Snack um 22.00 Uhr, es gibt Döner Wraps. Hunger habe ich danach nicht mehr, gönne mir aber vor dem Zubettgehen noch die kleine Schokoladentafel, die meine zuverlässige Kabinenstewardess auf mein Bett gelegt hat.

KAPITEL 8

Auf See

13. März 2020, Freitag

1

Hallo meine Liebe,
hier nochmal Nachrichten aus dem Südatlantik. Das Schiff rollt sanft von rechts nach links und zurück und schießt gleichzeitig über den Ozean, wir legen in zwei Tagen 1700 km zurück. Nach einem tropischen Schauer habe ich mich gestern an Deck gesonnt, aber die Sonne steht, wenn man sie sieht, fast senkrecht, also Vorsicht. Mir geht es sonst gut und ich freue mich auf den Amazonas. Der Kreuzfahrtdirektor hat gerade in seiner üblichen Positionsmeldung erklärt, wir seien ein sicheres Schiff und könnten bis Manaus alle Häfen anlaufen. Einige europäische Häfen wollen Kreuzfahrtschiffe nicht mehr einlaufen lassen, dann kann man ja kaum eine Kreuzfahrt zurück nach Europa durchführen. Das ist ja eigentlich geplant, Georg und viele andere Passagiere haben noch eine schöne Kreuzfahrt vor sich, es soll über Guayana und die Karibik zu den Kanarischen Inseln und dann zurück nach Monaco gehen. Ich vermute, dass daraus nichts wird.
Ich freue mich auf den Amazonas, will aber auch nach Hause. Der Abschied von Natal gestern hat mich ziemlich gerührt: das Schiff unterfuhr eine lange Brücke, von der uns viele Menschen zuwinkten. Auch die Lotsen winkten, als ihr Boot in der Mündung des Flusses von unserem Schiff ablegte. In Natal trugen die sehr freundlichen Hafenbeamten zum ersten Mal Masken. Und bei euch: scheinbar geht die Welt unter.

Also, bei mir wird alles bleiben wie geplant, wir fliegen ja mit einer Chartermaschine zurück. Am letzten Tag können wir noch eine Stadtrundfahrt durch Manaus machen, bevor wir dann am Nachmittag zum Flughafen gebracht werden.

Gerade passieren wir Fortaleza, das ist die Stadt, in deren Nähe unsere Fußballmannschaft 2014 gewohnt hat. Zu sehen ist allerdings nur weites Meer.
Und du hast ja jetzt gleich wieder Wochenende, wahrscheinlich korrigierst du und die süßen Katzen beschäftigen dich ständig. Ich schaue mir oft Bilder an von euch allen.
Also, meine Liebste, ich habe einfach mal geschrieben was mir in den Sinn kam. Habt einen schönen Tag, ihr vier, ich denke an euch und bleibt alle gesund.
Kuss von Eurer Abenteurerin

2

Mein Lieblingsplatz am Morgen ist ein schmaler Tisch für zwei im Wintergarten auf Deck 11 am Heck des Schiffes. Frühstücken bei herrlichem Blick aufs Meer, die langen graublauen Vorhänge an den bodentiefen Fenstern nehmen das Hellblau auf, in dem die See heute erstrahlt. Die Möbel in weiß, hellgrau und hellblau erzeugen eine lichte, freundliche Atmosphäre, die Tische sind einladend weiß eingedeckt, ich schätze diese entspannte Eleganz.
Matthew und Martin, die beiden philippinischen Ober, strahlen mich an wie jeden Morgen. Matthew begleitet mich heute an einen größeren Nebentisch: „Ihre Freundin ist schon da."
Unglaublich, wie aufmerksam und herzlich sie sind. Ich freue mich jeden Morgen auf die beiden. Ja, ich habe mit Brigitte hier schon gefrühstückt. Sie schaut auf von ihrem kunstvoll gestalteten Früh-

stücksteller, Kräuterrührei, Räucherfisch, Eiersalat, Lachs und zwei Sorten Käse sind sauber um eine Mitte aus Petersilie arrangiert, dazwischen blutrote Cocktailtomaten und Gurkenstifte. Schuldbewusst stelle ich meine Pfannkuchen mit Blaubeeren und Ahornsirup ab und nehme mir vor, zumindest noch Mango- und Papayastücke zum Nachtisch zu essen.

„Du bist spät heute“, meint sie, während sie geschickt eine Lachsscheibe auf das Rührei auf ihrer Gabel häuft und alles mit Dillspitzen besprenkelt.

„Ich war schon in der Bibliothek und habe eine Mail an meine Frau geschrieben und das Tagesprogramm gelesen. Kommst du gleich mit zur Andacht?“ Dies ist ein weiteres Ritual, das unsere abendliche Tischrunde, zu der der Pfarrer gehört, gemeinsam erlebt.

Der Bordpfarrer ist einer der Stars aus dem Unterhaltungsprogramm des Schiffes. Seine täglichen ökumenischen Andachten kommen überraschend gut an, auch ich gehe oft dorthin, das liegt zum einen an der spektakulären Aussicht auf das Meer in der Panorama-Lounge, die sich hinter seiner Gestalt am Stehpult öffnet, zum anderen an der entspannten, nachdenklichen Stimmung, die der Pfarrer glänzend zu erzeugen versteht.

In der Gesprächsandacht geht es heute um Aberglauben, denn es ist Freitag, der Dreizehnte. Ausgehend von den Informationen, dass z.B. Verkehrsunfälle an diesem Datum sogar seltener sind als an anderen Tagen, schlägt der Bordpfarrer schnell den Bogen zum Allgemeinen. Hinter den heute vorherrschenden abergläubischen Praktiken steht, seiner Meinung nach, vorrangig die Angst vor unbekanntem Bösen, abergläubische Überzeugungen kommen der Sehnsucht des Menschen entgegen, sich – ohne Gott – mit Hilfe eigens konstruierter Sicherheiten des Lebens zu bemächtigen oder das Glück herbeizuzwingen. Ängste sollen beseitigt oder zumindest eingedämmt werden. Die Bibel sehe im Aberglauben zuallererst eine Missachtung der Macht Gottes. Daher lenkt auch der

Bordpfarrer hier seine Zuhörer auf den Wunsch nach einem Leben, in dem man von Gott begleitet wird und auf Gott vertraut.
Mein Interesse wird durch den Hinweis auf die Abwehr von Ängsten geweckt. Indem manche Menschen an diesem Datum wichtige Handlungen vermeiden und vorsichtiger durchs Leben gehen, haben sie das Gefühl, selbstverantwortlich handeln zu können. Ich selbst kann also weitgehend kontrollieren, wie viel Glück und wie viel Pech ich habe. Dies ist ein stärkendes Gefühl. Wie kann mir diese Idee helfen, der Gefahr von außen, die uns durch das Corona-Virus droht, zu begegnen? Habe ich vielleicht Pech und stecke mich an, die Krankheit verläuft schwer und ich muss in dieser furchtbaren Art um mein Leben kämpfen, tage- wenn nicht wochenlang mit dem Gefühl zu ersticken? Kann ich diese Gefahr durch vernunftorientiertes Handeln in den Griff bekommen? In diesem Moment bezweifle ich das. Gottvertrauen? Was oder wer hilft uns dabei zu hoffen, dass das Virus nicht vielleicht schon an Bord ist, dass ich es mir vielleicht schon eingefangen habe zu Beginn der Reise, als ich starke Grippesymptome hatte?
Ich gehe etwas ratlos aus der Andacht, schiebe die dunklen Gedanken zur Seite und schaue mir die Tagesrundschau an. In Deutschland wird diskutiert, die Schulen wegen der Corona-Ansteckungsgefahr zu schließen. Für mich als Lehrerin mit jahrzehntelanger Erfahrung ist dies gleichbedeutend mit einer menschheitsbedrohenden Katastrophe, der Aussetzung von Bildung und sozialem Miteinander, dem Ende der Zivilisation.
In meiner aktuellen Welt ist hiervon nichts zu spüren. Heute, am Seetag, folgen Programmpunkte wie ein Vortrag des Seefahrers und Abenteurers Burkhard Pieske, aktuell zum Thema „Amazonas – ein grünes Paradies mit Schönheitsfehlern". Seine Vorträge sind eine Mischung aus subjektiven, nicht ganz aktuellen Erlebniserzählungen und originellen Informationen, der Vortragsstil liegt aber nicht jedem Zuhörer, speziell nicht jeder Zuhörerin, da Frauen meist

amüsiert und herablassend behandelt werden. Da sind wir doch selbst in dieser Generation schon weiter, oder doch nicht?
Als Alternative wähle ich die Show von Konditormeister Oliver Coppeneur aus Bad Honnef am Rhein, das liegt fast gegenüber von meinem Heimatort. Er möchte uns heute die Herstellung von Trüffelpralinen nahebringen. Für zwei Stunden genieße ich die Reizarmut des abgedunkelten Raumes und probiere die frischen Schokoladenköstlichkeiten.
Die meisten Gäste verbringen den Seetag an Deck, für mich ist die Sonne zu heiß, so dass ich erst am späten Nachmittag die Treppen zum höchsten Deck 13 hochsteige, wo ich gern an der Reling lehne, mich vom heftigen Fahrtwind durchwehen und mich vom Gefühl, auf See zu sein, durchfluten lasse.
Einige Passagiere sind mit ihren Kameras an Deck gekommen. Wir sind auf hoher See, der Kurs ist jetzt Nordwest, es ist kein Land in Sicht. Plötzlich werden wir Zeugen eines ungewöhnlichen Schauspiels: Das klare Ultramarinblau des Wassers wird auf einmal scharf begrenzt, eine deutliche Linie trennt das Wasser des Ozeans von einer schmutzig braunen Flut, in die der Schiffsbug langsam eintaucht. Ich versuche, mir das Phänomen zu erklären: vor einigen Wochen haben wir von einer ausgedehnten Ölpest vor der Küste Nordbrasiliens gehört. Sollten dies Reste davon sein? Aber müsste dann die Färbung nicht schwarz sein, fettig? Einige weiß uniformierte Crewmitglieder sind inzwischen auf den Außenstand an der Backbordseite getreten und fotografieren ebenfalls. Was kann das sein? Die Gäste auf dem Panoramadeck tauschen ihre Vermutungen aus und kommen zu dem Ergebnis, dass es sich wohl um das braungrüne Wasser des Amazonas handelt, das viele Kilometer weit ins offene Meer hereinfließt und sich nicht mit dem Ozeanwasser vermischt. Unglaublich.
In einiger Entfernung links vor dem Bug des Schiffes erblicke ich jetzt eine Ansammlung von Regenfäden, die eine flache Wolken-

formation mit dem Wasser verbindet, jetzt glitzern rechts weitere Regenfäden in der westlichen Sonne. Tropische Schauer, von denen wir heute schon einige an Deck erlebt haben. Ich strecke mich in einem Strandkorb an Deck aus und nehme mir Zeit, dieses Naturschauspiel mit tiefen Atemzügen in mich aufzunehmen.

3

Förmlich heißt mich der Oberkellner im Spezialitätenrestaurant willkommen. Abendgarderobe ist vorgeschrieben, meine schwarze Hose, schwarzweiße Seidenbluse und die passenden Ballerinas müssen heute Abend ausreichen.

Schon vor einigen Tagen haben wir für den heutigen Abend reserviert. Die Speisen sollen hier besonders exklusiv sein, die Atmosphäre edel. Beim Eintreten überrascht mich die Vielfalt der Farben, die weiß eingedeckten Tische bilden einen starken Kontrast zu den ausladenden italienisch anmutenden Rundbögen der Fenster aus dunklem Holz, den scharlachrot bezogenen Stühlen im Barockstil, der hellbraunen und grünen hölzernen Kassettendecke mit eingelassenen runden Leuchten, dem Teppich, auf dessen blauem Grund beigefarbene Linien zu erkennen sind, die aus einer Seekarte stammen könnten. Im hinteren Bereich des Raumes ist in einem Halbrund durch runde Pfeiler und schwungvolle Holzbögen eine runde Tischformation abgetrennt, hier ist die Wand hellblau tapeziert und die Stühle leuchten in Ockergelb.

Cornelius hat sich bereits auf dem Platz mit den Rücken zur Wand niedergelassen, er ist wie viele andere hier schwerhörig und die Akustik ist dort für ihn am besten. Brigitte und Gabriele leisten ihm Gesellschaft, der Ober führt mich zu einem Platz neben ihnen. Während sich die anderen einfinden, beschäftigen wir uns schon einmal mit der Karte. Ich liebe gutes, elaboriertes Essen, ich mag die etwas hölzerne, formelle und doch äußerst aufmerksame Art, wie die Ober die Gäste in einem guten Restaurant behandeln, in meiner Heimat in einer ländlichen Gegend in Norddeutschland gibt es selten Gelegenheit zu einem Besuch in einem solchen Restaurant. Die passenden Weine auszusuchen ist natürlich Sache der Männer, was zu einem heiteren Gespräch über die Rolle von Frauen und Männern führt, ein Thema, das wohl in einer solchen Runde unausweichlich ist.

In die ausgelassene, vom Wein gelockerte Stimmung mischt sich irgendwann ein bitterer Tropfen. Während er ein Stück seiner Bauernente in die Beifußsauce tunkt, frotzelt Georg: „Was meinst du, Petra, es wäre wohl besser, du wärest zu Hause, dann könntest du dich um deine Aktien kümmern?" Alle haben am Morgen in der Tagesrundschau gelesen, dass der DAX um 12,4 % gefallen ist, dass die Ausbreitung des Corona-Virus und die Folgen der Pandemie der deutschen Wirtschaft schwer zu schaffen machen.

Petra schaut von ihrem auf der Haut gebratenen Zander mit Pilz-Beurre Blanc auf, lächelt knapp und entgegnet: „Dafür ist es jetzt schon zu spät. Habt Ihr die aktuelle Tagesschau gesehen? Im Laufe des Tages ist bekannt geworden, dass in Deutschland alle Schulen schließen."

„Aber vor kurzem behauptete die Bildungsministerin noch, die Schulen können nicht schließen, weil die Eltern arbeiten müssen und es keine Betreuung für die Kinder gibt", wirft Sabine ein.

„Da ist wohl sehr schnell entschieden worden. Außerdem sind Bundesliga, Formel 1 und Champions League gestoppt", ergänzt Uwe. „Wir können froh sein, dass wir hier auf dem Schiff sind. Zu Hause ginge es uns nicht so gut. Kommt, lasst uns das noch genießen, wer trinkt mit mir noch eine Flasche Wein?"

Der Ober bringt noch eine Flasche des teuren Bordeaux, den Uwe ausgewählt hat, aber die Runde ist nachdenklich geworden.

Georg fragt: „Kennt jemand von euch die Geschichte von Edgar

Allen Poe, die Maske des Roten Todes? Mir kommt die Situation hier ganz ähnlich vor. Wissen wir denn, dass wir Corona nicht an Bord haben?"

„Die Parallele ist mir auch schon aufgefallen", erwidere ich. „Hier in der Bibliothek habe ich die Geschichte sogar in einer Sammlung von Poe gefunden." Das ungute Gefühl, das ich schon seit längerem verspüre, breitet sich in meinem Inneren aus. Schon seit einigen Tagen geht mir diese klassische Geschichte, die ich mehrmals mit meinen Oberstufenschülern im Englischunterricht besprochen habe, nicht aus dem Sinn. In Poes Geschichte zieht sich die adlige Elite eines Landes in ein hermetisch abgeriegeltes Schloss zurück, während der Rote Tod, eine blutige Seuche, draußen wütet. Die Gäste wähnen sich außer Gefahr. An einem Abend feiern sie einen Maskenball, den der Rote Tod nutzt, um in einer schreckenerregenden Verkleidung in das Schloss einzudringen. Als er sich zu erkennen gibt, fallen die Gäste sterbend um.

„Es kann nur ein Irrtum sein zu glauben", fährt Georg fort, „dass wir Corona entkommen können. Einige Leute sind erkältet, Cornelius geht es heute auch schlecht, und wir haben uns durch Menschenmengen gedrängt, zum Beispiel am Corcovado oder auf dem Markt von Salvador da Bahía."

Oder auf der Fiesta Gaucha in der Pampa, denke ich. Oder im Hafengebäude von Rio, wo die Gäste aus dem italienischen Kreuzfahrtschiff neben uns unbekümmert und ungeschützt aus und ein gingen.

„Aber hier in Brasilien ist noch gar nicht die Rede von Corona", wirft Sabine ein. „Nur in São Paolo soll es einen Fall geben. Es ist doch sehr unwahrscheinlich, dass sich jemand angesteckt hat. Beim Alter unserer Passagiere müsste man ansonsten bereits jetzt schwerkranke Personen haben."

„Das kommt sicher noch." Georg lässt sich nicht davon abbringen.

Auch ich fühle mich beklommen und ziehe mich bald in meine Kabine zurück. In mein Reisetagebuch schreibe ich: *Mache mir große Sorgen wegen Corona. Aktien fallen ins Bodenlose, ich bin nicht mehr reiseversichert über den 17.3. hinaus. Wird meine Frau krank? Und unsere Tiere? Schulen geschlossen. Das muss eine Katastrophe sein zu Hause. Müssen wir von Belém aus schon zurückreisen und kommen nicht mehr zum Amazonas?*

In der Atlantik Show Lounge auf Deck 8 lädt das Showensemble des Kreuzfahrtschiffes zur „Nacht der Oscars" ein, laut Programmheft sollen sich dort „die Gäste zurücklehnen und in der Atmosphäre einer glamourösen Oscarverleihung schwelgen." Das Gefühl, mich in Poes Kurzgeschichte zu befinden, verstärkt sich zusehends, als ich später im Bordfernsehen in die Übertragung der Show hineinschalte.

Und das mit Lichtern geschmückte Kreuzfahrtschiff gleitet unbeirrt weiter durch die schwarze Nacht über den Ozean in Richtung Amazonas.

KAPITEL 9

Die Geier von Belém

14. März 2020

Früh am Morgen stehe ich wieder an der Reling auf Deck 13 und freue mich auf die Einfahrt in den Amazonas. Vorsichtshalber trage ich mein mückensicheres Hemd und die passende weite Hose dazu. Die Kleidungsstücke sind mit einer mückenabweisenden Flüssigkeit imprägniert, die sogar mehrere Wäschen mit 60 Grad überstehen soll. Sicher ist sicher, denke ich.

In dieser Gegend soll die Gefahr, sich Malaria zu holen, groß sein, auf meinen von Deutschland mitgebrachten Landkarten, die die Verbreitung diverser ekelhafter Krankheiten zeigen, ist das Gebiet um Belém rot eingezeichnet. Die meisten Passagiere, die mit mir die Einfahrt des Schiffes in den Rio Guamá (nein, es ist noch nicht der Amazonas) beobachten, haben sich ebenfalls mit derlei mückensicherer Kleidung geschützt. Schön sind die Klamotten nicht, aber ich nehme die Warnungen ernst; eine Tropenkrankheit hat mir gerade noch gefehlt mit meinen diversen sowieso bestehenden Empfindlichkeiten.

Die Wettervorhersage in der Kabine hat für Belém morgens mäßigen Regen, mittags leichtes Gewitter, abends mäßigen Regen angezeigt. Im Moment hängen die grauen Wolken tief über der Mündung des Flusses. Wir passieren die ausgedehnte Insel Marajó in der Flussmündung ganz nah, braune Fluten, hohe Bäume über abgerissenen Erdkanten, keine menschlichen Siedlungen. Auf der Backbordseite erkennt man in der Entfernung einzelne kleinere Orte.

Wir werden vor Icoaraci vor Anker gehen, einem Ort wie aus einem Amazonas-Fotoband. Am Ufer blauweiße, überdachte, verrostete

Flussschiffe, einige im Vergleich zum Hamburger Hafen niedrige Entladekräne, flache gelbe und rostbraune Gebäude, im baumbestandenen Hügel dahinter ein braunes Gotteshaus mit einer weißen Kirchturmkonstruktion. Und auf dem Hügelsattel mehrere Funkmasten, die den ersten Eindruck der kleinen Stadt bestimmen.
Weit im Hintergrund tauchen aus den braunen Wassermassen des Flusses die weißen Hochhäuser der Millionenstadt Belém auf. Aber nicht dorthin steuert der philippinische Seemann unser Tenderboot, sondern nach kurzer Fahrt legt er am Pier von Icoaraci an. Diese kleine Stadt ist mir sofort sympathisch. Das ist Amazonien.
Das Flussufer geht in einen schlammigen Streifen über. Vom Rand eines kleinen, hellblauen Bootes mit spitzem Bug schaut mich ein gelbschwarzer Vogel aufmerksam an. Ein ramponiertes Passagierschiff, dessen textiler Sonnenschutz verschwunden ist und nur ein stählernes Gerippe übriggelassen hat, versperrt den Blick. Auf einem großflächigen Plakat grüßt weiße Schrift auf türkisblauem Grund *„Welcome to Belém - explore and live the city"*, der Anspruch ist großstädtisch und modern, die Atmosphäre wie aus einem alten Film.
Wir werden von einer Gruppe Tänzerinnen in weißen Shorts, blaugeschmückten Shirts und Panamahüten mit bunten Bändern willkommen geheißen. Dahinter Männer mit Congas und Blasinstrumenten. Laute und fröhliche hand- und mundgemachte Musik begrüßt die vorbeihastenden Touristengruppen. Eine Gestalt mit schwarzem Eselskopf, buntem Kopfschmuck und einer farbig bestickten Decke, die eine gestreckte Tierform darstellen soll, tanzt unbeholfen mit. Wie gerne würde ich hier ein paar Minuten bleiben, zuhören, die Stände mit den selbstgemachten Töpferwaren anschauen. Aber natürlich ist dafür keine Zeit – Hunderte von Kreuzfahrtgästen müssen in ihre passenden Busse gebracht werden, und ich bin so gespannt auf Belém, dass ich die freundlichen Menschen von Icoaraci bald vergesse.

Nun beginnt es wirklich zu regnen, die Wasserschwaden vernebeln die einfachen, heruntergekommenen niedrigen Wohnhäuser, Werkstätten und Verkaufsstände an den Straßenseiten. Wir erfahren, dass Belém die Stadt der Feigenbäume ist, und tatsächlich sind einige prächtige, grün leuchtende Exemplare durch den Regen zu erkennen.
Am Ver-o-peso-Markt steigen die Gruppen, es sind sicherlich zehn zu je fünfundzwanzig Menschen, aus den Bussen und verteilen sich mit ihren Reiseleitern in den langen Gängen der Marktstände und Buden. Es regnet. Unsere hübsche brasilianische Führerin ist hellhäutig, stark geschminkt, trägt braune kleine Locken und Perlen-Modeschmuck, über ihrer knallgrünen Bluse ein durchsichtiges Regencape. Die Touristen haben sich unterschiedlich auf den Regen eingestellt, auch ich habe Capes dabei, habe mich aber lieber für einen kleinen Schirm entschieden, mein Tropenhemd soll angeblich schnelltrocknend sein, und die Luft ist ja heiß – sehr heiß. Klar, dass weder der Schirm noch ein Cape wirklich Schutz bieten vor dem Tropenregen.
Außer der Reiseleiterin Sofia begleitet ein Security-Mann jede Gruppe. Sofia weist uns darauf hin, dass seine Aufgabe ist, die Gruppe genau im Blick haben und zur Abschreckung von Dieben da zu sein. Unser junger Security-Mann trägt enge dunkelblaue Sportkleidung und sieht durch seine Muskelmasse durchaus abschreckend aus, die Brille und der korrekte Haarschnitt stehen allerdings im Kontrast zu seinem Job, finde ich. Vielleicht ist er ein Student der Philosophie.
Auch hier sehe ich wieder niemanden, der wirklich gefährlich werden könnte. Die Händler sind mit ihren Waren beschäftigt, einige Käufer tragen Tüten mit sich herum, an Açai[9]-Bars sitzen Männer, die eine Pause machen oder sich vor dem Regen schützen wollen. Eine ältere einheimische Frau spricht eine unserer Touristinnen mit ärgerlichem, fast wütendem Ton an und weist auf deren Goldkette.

Ich kann es kaum glauben, dass trotz der Warnungen immer noch Schmuck getragen wird auf solchen Ausflügen, bin aber auch überrascht, dass die Frau die Touristin auf diese heftige Art zurechtweist. Warum ist sie wütend? Weil solche reichen Frauen ihre jungen Männer in Versuchung bringen und diese dann kriminell werden? Oder einfach weil ihr Markt von hunderten Touristen überschwemmt wird und diese nur schauen, nicht kaufen und damit eigentlich nutzlos sind?

In dem Teil, der dem Fluss zugewandt ist und im Wesentlichen aus offenen Ständen besteht, zeigt uns Sofia Amazonas-Früchte und Gemüse. Aufgeschnittene Maniokwurzeln, dunkelbraun mit weißem Inneren. Berge von knallroten und intensiv gelben Chilis, strohähnliche Bündel, aus denen Patchouli, der Duft der siebziger Jahre, gewonnen wird.

Sie lässt uns Paranüsse probieren, so frisch, leicht und saftig, wie ich sie noch nie gegessen habe. Esskastanien, Maiskolben, Kartoffeln wechseln sich ab mit bunten Früchten, die ich noch nie gesehen habe. Wieder lässt uns Sofia einige kosten, ihre Erklärungen sind aber im Gedränge und dem Lärm des Marktes und des Regens nicht zu hören. Und der Geschmack ist nichtssagend, anders als das Aussehen. Hier entsteht eins meiner Lieblingsfotos: Georg, mit weißem Käppi und knallgelbem, langen Regenumhang, hält lachend eine undefinierbare braunweiße Frucht vor meine Kamera, hinter ihm der Security-Mann und ein erschöpfter, durchnässter Tourist.

Außer Lebensmitteln werden hier Korb- und Töpferwaren angeboten, Teller, Krüge, Tassen für den täglichen Gebrauch, teils mit Schildkröten- und Papageienmotiven bemalt. Ich finde auch detailreich geschnitzte Tierfiguren und kaufe zwei kleine Papageien. Nun führt Sofia uns an einen Stand mit kleinen Flaschen und Tongefäßen, die bunte Flüssigkeiten enthalten und mit diversen Sprüchen verziert sind. Die Tinkturen sollen magische Eigenschaften haben, zum Beispiel Liebhaber an die Partnerin binden, Verletzungen heilen, Ausdauer oder Selbstvertrauen geben. Dieser Glaube stammt aus dem *Umbanda*-Kult, einer afrobrasilianischen Religion ähnlich dem *Candomblé*. Klar, dass die Touristen fasziniert und amüsiert sind.

Auf der gegenüberliegenden Straßenseite beginnt die eigentliche Markthalle. Wir treten in ein sehr sauberes, fast menschenleeres Gebäude ein, riechen schon den Geruch frischen rohen Fleisches. Kein Platz, an dem ich mich lange aufhalten möchte. Die Konstruktion aus Eisen wurde Anfang des 20. Jahrhunderts aus Großbritannien importiert und erinnert an dortige Bauten aus dieser Zeit, z.B. einige viktorianische Bahnhofsgebäude sowie Paddington Station. Ich bin beeindruckt über den Austausch zwischen den Kontinenten.

Einige Fleischstücke hängen ungekühlt an Stangen. Ich versuche, so schnell wie möglich wieder den Ausgang zu erreichen, doch eine Statue in einem Seitengang hält mich auf. Eine dunkelhäutige Männerfigur, mit breitem Halsschmuck in Dunkelgrün, in den Halsketten ein christliches Kreuz integriert, grüne Krone mit Federn geschmückt, grün-goldener Lendenschurz, in den Händen kalebassenförmige dunkle Gebilde. Vor ihm stehen helle Schalen mit roten und gelben Kerzen, die Flammen sind die einzige Beleuchtung in dieser Ecke. Seine dunklen Augen erschrecken mich, ich wage es aber, ein Foto zu machen. Sicherlich eine Götterfigur. Dies scheint ein Laden zu sein, in dem man religiöse Attribute kaufen kann. Ich verschwinde lieber.

Und renne um die Ecke hinter meiner Gruppe her. Dort erwarten mich die Geier. Riesige schwarze Viecher mit grauen Füßen und Hakenschnäbeln, die Köpfe und Hälse bedeckt von braungrauen warzenähnlichen Ausbuchtungen. Ich liebe Vögel, aber diese hier – wenn es einer oder zwei wären wie die, die am Kai direkt neben den Booten einherstolzieren...

Nein, es sind hunderte. Sie breiten auf den Lichtmasten im alten Hafen ihre Flügel aus, sitzen zu Dutzenden auf den Dächern der halb verfallenen Häuser in der Hafenbucht, die sich jetzt vor meinen Augen öffnet. Jahrhundertealte Reihenhäuser, zwei- oder mehrstöckig, einige neu gestrichen, einige mit verwitterten Fassaden, alle mit hohen Fenstern und bunten Fensterläden und mit Dächern voll von Geiern. Geschwungene Dachaufbauten mit rosaweißem Stuck - voll von Geiern. Dachgärten - Geier putzen sich dort das Gefieder. Der Anlegeplatz für die Fischerboote - Geier sitzen ruhig am Wasserrand, warten - auf was? Ich rieche es - hier gibt es Fisch. Frisch angelandeten Fisch, der gleich in die Fischhalle des nahegelegenen Marktes gebracht wird, falls die Geier etwas übriglassen. Ich kann mir nicht vorstellen, dass eine Fischladung diesen Platz verlassen kann, ohne gut verpackt zu sein.
Der schlammige Uferrand des Flusses ist übersät mit Müll. Dieses Mal bin ich Sofia für ihr Tempo dankbar, sie führt uns - natürlich bei ständigem Regen und dadurch glücklicherweise schlechter Sicht - in eine Seitenstraße, an deren Ende ich eine wunderschöne Kathedrale erblicke, herrlich geschwungene weiße Barocktürme mit dekorativen grauen Kuppeln, an deren Spitzen hochgereckte Kruzifixe die Aufmerksamkeit an sich ziehen.
Ich hechte mitsamt heftig tropfendem Schirm in den bereitstehenden Bus. Für die kurze Führung durch das historische Zentrum Beléms fühle ich mich nicht mehr in der Lage.
Der Bus ist mit komfortablen Sesseln bestückt und die Klimaanlage faucht die Temperatur auf etwa siebzehn Grad herunter. Durchnässt wie ich bin, reiße ich mein klebriges Tropenhemd vom Leib (vermutlich zum Erstaunen des älteren Ehepaars, das schon hinter mir im Bus sitzt), breite es über den Sitz vor mir aus und ziehe ein trockenes Shirt aus meinem Rucksack an. Der freundliche Busfahrer verteilt Trinkwasser und Lunchpakete mit Schnitzelbrötchen und gekochten Eiern. Das Tropenhemd wird übrigens bis zum nächsten

Tag nicht trocknen. Langsam komme ich zu Atem, als der Bus in ein anderes Stadtviertel fährt.
Sofia hat uns noch einen botanischen Zoo versprochen, den Emilio-Goeldi-Zoo. Hier sollen typische Pflanzenarten des Regenwaldes und einige tierische Bewohner zu sehen sein.
Bereits beim Aussteigen treten wir in fünfzehn Zentimeter tiefes Wasser. Meine festen halbhohen Schuhe sind jetzt schon durchnässt. Das Wasser kommt von der Seite, von oben, von unten; lächerlich, unsere kleinen Schirme hochzuhalten. Einige Fahrgäste steigen wieder ein, zurück in den Bus. Unbeirrt führt uns unsere schöne Reiseleiterin mit dem knallroten Lippenstift, sattgrüner Bluse und durchsichtigem Regencape - einen Schirm hat sie nicht dabei - mit sicherem und gemessenen Schritt an, dabei redet sie ununterbrochen. Während die letzten acht unerschrockenen Reisenden über schlammige Wege hinterherhasten und hüpfend sichere Trittstellen suchen, weist sie im Gehen auf verschiedene Pflanzen, führt uns unbeirrt vom Wolkenbruch, der von einigen Blitzen gewürzt wird, an Gehegen vorbei. Der versprochene Jaguar ist nicht zu sehen, er soll wohl schlafen. Ich bin darüber froh, denn das Gehege erinnert mich an Illustrationen des Rilke-Gedichtes vom Panther, einer herzzerreißenden Anklage aus der Sicht eines Käfigtiers.
Ich folge Georgs gelbem Cape, die Brille ist nass und beschlagen, aber irgendwie kann ich nicht mehr aufhören zu lachen. Das ist mal eine echte Grenzerfahrung, ich strahle, ist das Angstlust? Aber Angst habe ich nicht, sondern das Ganze ist einfach körperlich erschöpfend und wirklich ungewöhnlich – und macht mich momentan glücklich.
Was gibt es noch zu sehen im verregneten Wald? Die Tapire stehen unbeeindruckt im Wasser, sie haben zum Glück ein großes Gehege mit einer Hütte, einem Teich und ausgehöhlten dicken Baumstämmen als Verstecke. Diese Tiere sind mir schon lange ans Herz gewachsen mit ihrem glatten eleganten Körper und dem spitzen Kopf.

In der Dorfbücherei meiner Kindheit habe ich die Bücher, die von *Bomba, dem Dschungelboy*[10], erzählten, verschlungen, seine Begegnungen mit Anacondas und Jaguaren, seine Jagd nach Tapiren (die scheinen wohlschmeckend zu sein, als Kind hatte ich damit keine Probleme) mit Spannung verfolgt. Wäre dies nicht ein Zoo (vielleicht eher ein botanischer Garten mit eingezäunten Tieren), ähnelte er der Landschaft, die ich mir vor 50 Jahren beim Bücherlesen in meinem Heimatdorf vorgestellt habe.
Weiter geht es zu roten Ibissen, deren Gefieder im düsteren Regen und dunkelgrünen Blattwerk strahlt. Krokodile, durch dünne Zäune vom Zuschauer abgetrennt, liegen im Wasser, ein Marabu steht im Weg. Aras knabbern an den Drähten ihrer Volieren. Und Sofia redet (ich weiß nicht, wer sie noch versteht, ich jedenfalls nicht) und gestikuliert, sie ist begeistert von ihrer Heimat und so ein kleiner Regenguss kann sie sichtlich nicht erschüttern.
Ein zweites trockenes Hemd habe ich nicht dabei. Daher muss ich so durchnässt, wie ich bin, die einstündige Fahrt zurück nach Icoaraci überstehen. Um sechzehn Uhr soll unser Schiff schon ablegen, daher auch das Tempo. So kommen wir zeitig an der Anlegestelle, die mich vorher fasziniert hat, an.
Ich trödele etwas herum, schaue mir die überdachten Stände mit Kunsthandwerk an, deren Besitzer mit großen flehenden Augen, wie mir scheint, auf Interessenten warten. Die meisten Gäste hasten vorbei zu den Tenderbooten. Ich hingegen freue mich, dass ich mit einigen Menschen dort ein paar Worte sprechen kann, einen jungen Mann frage ich nach seinem Namen, Roberto, und kaufe ihm gebrannte Teller und kleine Vasen mit eingravierten ursprünglichen Mustern ab, dies sollen Mitbringsel sein.
Danach lasse ich mich von unseren philippinischen Bootsleuten wieder zum Schiff fahren, das im Fluss liegt, dahinter tiefe braungraue Wolken.

Ich ahne noch nicht, dass dies meine letzte Landberührung für lange drei Wochen werden soll. Und ebenso wenig, dass ich Icoaraci noch einmal wiedersehen werde.

Am Abend jedoch sucht mich eine furchtbare Magenverstimmung heim. Erbrechen, Durchfall, ich bin erstaunt: So viel Masse geht in einen Magen? Waren es die Kostproben vom Markt oder das Schnitzelbrötchen, oder hat mir einfach das besonders scharf gewürzte asiatische Rindfleisch am Abend den Rest gegeben nach diesem abenteuerlichen Tag? Die Neugier, die Begeisterung fühlt sich an wie mit Zwanzig, aber mein Körper kann so einen Tag nicht mehr so einfach wegstecken. Ich bin erschöpft und erfüllt von diesen Eindrücken und versuche, trotz erheblichen Magenbeschwerden einzuschlafen.

KAPITEL 10

Auf den Wassern des Amazonas

1
15. März 2020

Die Bordzeitung meldet heute, dass viele europäische Länder ihre Grenzen schließen, auch für Bürger anderer EU-Länder. Österreich stellt außerdem den Bahnverkehr nach Italien vollständig ein. Deutschland verschärft die Kontrollen an den Grenzübergängen zu Frankreich.

In Deutschland gibt es inzwischen mehr als 3700 Corona-Infektionen, acht Menschen starben bisher. In den USA breitet sich das Virus rasant aus. Lufthansa setzt die Dividendenzahlung für 2019 aus. Vor Hamsterkäufen und Falschnachrichten wird gewarnt. Johannes B. Kerner wird positiv auf das Coronavirus getestet.

Ich bin betroffen. Die EU-Länder schließen ihre Grenzen? Die Schulen schließen genauso wie Geschäfte, Restaurants, reihenweise fallen Veranstaltungen aus? In dieser Situation würde ich lieber zu Hause sein, egal, wie sehr ich mich auf den Amazonas gefreut habe. Ich frage mich, warum und kann es nicht wirklich erklären. Ich könnte ja auch froh sein, nicht in der gefährdeten Heimat zu sein. Wahrscheinlich geht es um die Verbundenheit, die ich, auch wenn ich sehr gern reise, mit meiner Heimat spüre.

In der Lage, die sich in den letzten Tagen weltweit ankündigte, hätte ich darauf gewettet, dass die Reederei unser Schiff von Belém aus nach Europa zurückholt. Dies geschah aber nicht, sondern als klar wurde, dass der letzte Teil der Südamerika-Kreuzfahrt, der über Guayana und die Karibik auf die Kanaren und dann nach Monaco führen sollte, sehr unsicher wurde, weil immer mehr Länder Kreuzfahrtschiffen das Anlegen verweigerten, bot die Reederei allen Passagieren eine Reiseverlängerung an, so dass man statt mit dem Flugzeug von Manaus aus 26 Nächte länger mit dem Schiff nach Europa zurück fahren könnte. Der Tagespreis war sehr fair. Ich konnte mir eine solch lange zusätzliche Zeit auf dem Schiff nicht vorstellen und war zuversichtlich, dass der Abflug in Manaus noch organisiert werden könnte. Also habe ich dieses Angebot nicht weiter in Betracht gezogen.

In der Nacht fährt das Schiff auf dem Rio Guamá zurück Richtung Atlantik, dicht an der Insel Marajó vorbei. In den Nachtstunden umrundet es in einem weiten Bogen die Amazonasmündung nordwärts. Wir benötigen so einen ganzen Tag, um in den eigentlichen Amazonas einzufahren, zur kleinen Stadt Macapá, hier ist ein technischer Stopp notwendig und wir können das Schiff nicht verlassen. Ich bin sowieso so krank, dass ich den Tag auf der Kabine verbringe. Leider finde ich in meiner umfangreichen Bordapotheke das Durchfall-Medikament nicht, mit dem ich seit Jahrzehnten auch bei ernsten Magen-Darm-Problemen Erfolg hatte und die Infekte nach spätestens zwei Tagen durchgestanden waren. Also tue ich einfach nichts und warte, dass die Übelkeit vorbeigeht.
Immerhin bleibt mir der Schiffsfernseher, und ich kann mich an der Landkarte dort nicht satt sehen. Ich verfolge die Route des Schiffes und kann durch das Kabinenfenster die Ufer von Marajó wahrnehmen. Über Marajó habe ich gelesen, dass dies die größte Flussinsel der Welt ist und die Größe der Schweiz hat.
Kein Wunder, dass wir einen ganzen Tag brauchen, um sie zu umfahren. Die Insel ist von Dschungel und Savanne bedeckt. Vom Schiff aus ist nicht viel sichtbar, die Entfernungen sind einfach zu groß für das bloße Auge. Durch mein Fernglas kann ich Uferstücke mit brauner Erde erkennen, kleine Flächen überragt von dichter

Baumvegetation. Frachtschiffe liegen mitten im Fluss vor Anker, teils quer zur Fahrrinne. Die Einfahrt in den Amazonasarm ist nicht so spektakulär wie gedacht, dieser Arm ist nicht so breit wie der Rio Guamá am Vortag.
An diesem Tag erwartet uns noch ein besonderes Erlebnis: Gegen 15.30 Uhr werden wir den Äquator überqueren! Dies wurde am Vorabend gebührend gefeiert, mit einer großen Show mit Äquatortaufe, die ich leider aus Erschöpfung verschlafen habe.
Wir nehmen in Macapá zwei brasilianische Lotsen an Bord, die uns in den nächsten Tagen durch die Sandbänke und Untiefen des Amazonas leiten und das weitere Schicksal mit uns teilen werden. Jetzt, in der Regenzeit, verändert sich die Lage der Sandbänke im Fluss ständig, so dass der Kapitän auf die Hilfe der örtlichen Fachleute angewiesen ist.

2
16. März 2020

Guten Morgen, liebe Renate, ich muss immer an dich denken und frage mich, wie du die Reise jetzt erlebst. Hier überschlagen sich die Ereignisse und ich lese von anderen Kreuzfahrtschiffen, dass diese viele Häfen nicht mehr ansteuern dürfen. Wie ich sehe, seid ihr heute auf dem Wasser, da kann ja nichts passieren und ich hoffe, du kannst den Tag in der Sonne bei einer frischen Brise genießen. Liebe Grüße aus der Heimat von uns.
Liebe Inga, danke für deine liebevollen Gedanken. Wir schippern jetzt auf dem Amazonas rum, es regnet und ist schwülheiß und ich habe eine Magenverstimmung. Und ich denke an Euch und möchte jetzt nach Hause. Wir können bis Manaus fahren, weil wir ein gesundes Schiff sind, und Stand jetzt holt uns auch wie geplant ein Charterflieger ab. Passt gut auf Euch auf. Viele liebe Grüße Renate

Braunes schlammiges Wasser schießt an meinem Fenster vorbei. Das Schiff ist schnell unterwegs. Ich recke mich und mache ein paar Gymnastikübungen. In der Ferne grüne Uferstreifen. Im Wasser immer wieder Treibholz, auch Baumstämme; ich versuche ein Krokodil zu erspähen, vergeblich. Ich fühle mich schwach, mein Kreislauf ist noch nicht stabil. Ich schalte den Bildschirm ein und freue mich über die Landkarte: Das Schiff ist tief in den Amazonas-Regenwald eingedrungen, wir sind auf dem Weg nach Santarém.
Im Postfach vor der Kabinentür klemmt eine Nachricht. Ich setze mich damit in meinen Sessel, packe das Schokoladentäfelchen vom letzten Abend aus und lese die Mail meiner Frau, die mir der Rezeptionist freundlicherweise ausgedruckt und gebracht hat:

Hey Seefrau,
Deine Erlebnisse in Belém klingen ja interessant. Ich muss mich hier um jeden menschlichen Kontakt bemühen, damit ich nicht völlig zum Oger[11] *mutiere. Na ja, aber es geht nicht ganz so schlecht. Hin und wieder mal ein Telefonat oder ein kurzes Gespräch draußen. Heute mussten wir kurz in die Schule, um zu sehen, ob zu betreuende Kinder da sind. Um neun Uhr war ich wieder zu Hause, vorher noch ein paar Kleinigkeiten einkaufen, Klopapier ist Mangelware! Was machen die Leute mit dem ganzen Klopapier? Klopapiersuppe? Wie sagte heute ein Kollege: Da kommt jetzt zur aktuellen Situation ein neues Kochbuch raus „Kochen mit Mehl und Klopapier - 102 Rezepte" - fand ich sehr lustig.*

Gestern habe ich ein wenig im Garten rumgewühlt, also weiß ich, was ich die nächsten Tage mache.
Ich hoffe, dass mit deiner Rückreise alles klappt. So lange ist es ja nicht mehr und wir freuen uns alle, wenn du wieder da bist.
Küsschen vom öden Oger.

Meine Magenverstimmung ist immer noch nicht besser. Ich schleiche zum Frühstücksbuffet. Mehr als Toast mit Marmelade geht heute nicht, der wie immer strahlende Martin bringt mir einen Pfefferminztee.

Heute Mittag wollen wir in Santarém ankommen, es gibt dort zwei Ausflugsmöglichkeiten: eine Stadtrundfahrt in einfachen, nicht klimatisierten Bussen, wie ausdrücklich angekündigt wurde, und eine Bootsfahrt, in deren Verlauf ich Piranhas und vielleicht auch rosa Delfine sehen würde. Auf diese Fahrt hatte ich mich am meisten gefreut, denn von anderen Reisenden hatte ich schon erfahren, dass man nur auf geführten Touren manchmal Chancen hat, Tiere zu sehen.

Ansonsten verstecken sie sich erfolgreich in der grandiosen Flusslandschaft. So schleppe ich mich betrübt zur Rezeption, um diesen Ausflug zu stornieren, denn ich fühle mich zu schwach, kann kaum aufrecht stehen und traue mir den Ausflug in diesem tropischen heißfeuchten Klima nicht zu. Bingo, Shuffleboard, Relinggymnastik – das ist heute nicht das Richtige. Ich beschließe, den Vormittag in der Panorama-Lounge auf Deck 12 zu verbringen und dort bei angenehm klimatisierter Atmosphäre die Ufer des Amazonas vorbeiziehen zu sehen.

„Ja, wir haben einige Tiere gesehen", sagt Brigitte später, die Weitgereiste. „Einige gelbe Papageien flogen mit lautem Kreischen über uns hinweg, die rosa Delfine waren als unklare Gestalten unter der Wasseroberfläche zu sehen, ein Bootsmann angelte einen sehr kleinen Piranha aus dem Wasser, die Gäste machten Fotos von seinem geöffneten Maul mit den spitzen Zähnen, dann konnte er wieder im Fluss verschwinden."

Gabriele fand die Stadt auf ihrer Rundfahrt heiß, anstrengend, unspektakulär. Ich hätte einen Ausflug trotzdem gern gemacht, um einmal am Flussufer zu stehen und das Leben dort zu betrachten.

Mir geht es etwas besser, daher kann ich nach zwei einsamen Tagen wieder mit meiner Tischgruppe zu Abend essen. Ich habe mein Medikament inzwischen gefunden und nehme es seit dem Morgen ein.

3
17. März 2020

Heute werde ich 66 Jahre alt. Und in dieser Nacht verändert sich alles.
Zur Mittagszeit sollen wir in *Alter do Chão* ankommen. Vielversprechend haben die Reiseleiter diesen Ort als einen Bade- und Ferienort für Besucher aus Manaus und Belém beschrieben, einen malerischen Ort am Rande des Urwalds mit Amazonasstrand. Also kann ich an meinem Geburtstag ein Bad im Amazonas nehmen oder die Atmosphäre einer Siedlung im Urwald selbst erleben. Denke ich. Und überlege noch, ob ich mich ins Amazonaswasser traue, was wenn mich Piranhas oder fiese Bakterien überfallen? Ich bin gespannt, was passiert.
Am Morgen vibriert das Schiff mehr als vorher. Ich schaue durchs Fernglas und Kabinenfenster. Ein gelber Geburtstagsvogel fliegt von einem Baumriesen herab, ausnahmsweise einmal deutlich sichtbar. Viele schwarze Büffel grasen zusammen mit weißen Reihern auf Wiesenflächen zwischen Waldstücken, ein Rinderhirte bestaunt unser Schiff. Große Kormorane breiten auf Treibholzstücken sitzend ihre Flügel aus.
Der Kapitän meldet sich über die Kabinenlautsprecher. Man hört die Betroffenheit in seiner Stimme. Über Nacht habe sich alles verändert, sagt er. Auf diesen 18 Seemeilen zwischen Santarém und Alter do Chão haben die brasilianischen Behörden ihre Haltung zum Schiff verändert. Es werde uns nicht erlaubt, in Alter do Chão

an Land zu gehen, ja nicht einmal das Anlegen auf Reede sei möglich. Das Schiff werde nun von den Einheimischen als Gefahr angesehen und müsse nach Manaus weiterfahren. Möglicherweise werden wir auch in Manaus nicht an Land gehen können.
Eine Hoffnung habe er noch, so der Kapitän. Die brasilianische Gesundheitsbehörde werde noch einmal an Bord kommen und eine ausführliche Inspektion vornehmen. Wenn die Mitarbeiter zu dem Schluss kämen, dass wir keine Infizierten an Bord haben, könnten wir wahrscheinlich doch in Manaus von Bord gehen.
Die angespannte Stimme des Kapitäns vermittelt den Eindruck, dass diese Inspektion für die Crew ein hoher Stressfaktor ist, sie wird scheinbar äußerst sorgfältig und penibel durchgeführt. Und die Inspektoren mischen sich auch unter die Passagiere, stelle ich mir vor, um sich von deren Gesundheitszustand einen Eindruck zu verschaffen. Beim Frühstück sehe ich dann zwei Inspektoren in Uniform, die sich die Leckereien des Buffets schmecken lassen.

Happy Birthday liebe Renate! Deinen Geburtstag verbringst du heute hoffentlich in der Sonne mit einem Glas Sekt in der Hand. Du bist auf dem Amazonas-wow! So einen Geburtstag feiert man nur einmal. Wir denken an Dich und wünschen Dir ein unaufgeregtes, entspanntes und vor allem ein gesundes neues Lebensjahr und wünschen Dir übermorgen einen guten Heimflug! Freue mich, wenn du wieder da bist. Inga

Danke schön für den lieben Geburtstagsgruß! Trinke gerade mit meiner Gruppe von Alleinreisenden eine Caipi. Deine ist viel besser! R.

Ja, schade. Caipirinha haben die Barkeeper irgendwie nicht drauf. Sie benutzen Limonensaft aus der Flasche, geben dann Zucker und einige Limonenschnitze dazu und ganz wenig Alkohol. Inga hingegen zerstößt zuerst Limonenscheiben mit dem Stößel ihres Mör-

sers, fügt braunen Zucker hinzu, zerdrückt alles sorgfältig, so dass sich der frische Limonensaft mit dem Zucker vermischt. Dann gibt sie viel gestoßenes Eis und Cachaça hinzu, umrühren, fertig.
Der Fertigcaipirinha auf dem Schiff muss für heute reichen. Immerhin sitze ich mit meiner Gruppe in der Bar am Heck des Schiffes mit Blick auf braune Amazonasfluten und baumbestandene Steilhänge, schon nicht schlecht für einen Geburtstag, denke ich.
Natürlich sind normalerweise Geburtstage auf einem Kreuzfahrtschiff große Events, wenn man das denn will. Es gibt eine eigens für den Gast gebackene Geburtstagstorte aus der Bordkonditorei, und die Servicemitarbeiter singen ein Ständchen. Gut, dass ich bei der Rezeption rechtzeitig darauf verzichtet habe. In Feierlaune ist heute niemand.

Ich fühle mich wie auf einer Flucht. Das Schiff eilt den Fluss entlang zum rettenden Flughafen. Noch in Gegenrichtung zur Heimat, nach Westen. Wir erfahren, dass fast alle europäischen Häfen und auch schon einige südamerikanische geschlossen sind. Werden wir überhaupt noch in absehbarer Zeit nach Hause kommen? Man spürt die Anspannung, die in der Luft liegt. Die Verunsicherung. Die meisten Gäste sorgen sich um den Abflug, fiebern darauf hin. Der Reiseveranstalter hat ein zweites Flugzeug organisiert, das die Passagiere, die eigentlich noch bis Monaco auf dem Schiff reisen wollten, von Manaus nach Frankfurt bringen kann. Fast niemand zeigt seine Enttäuschung über die verpassten Erlebnisse und Eindrücke.
Das Wetter hat sich verschlechtert. Die Luft ist schwer und schwül, das Ufer leicht im Dunst versteckt. Es zeigen sich immer wieder kleine Ansiedlungen, jede hat eine hellblau gestrichene Kirche mit einem weithin sichtbaren Kreuz, ein großes Gemeinschaftsgebäude und mehrere mittelgroße Gebäude im Hintergrund. Die christliche Religion scheint eine große Rolle in dieser Region zu

spielen. An einer Anlegestelle liegt ein größeres überdachtes Boot, manchmal noch mehrere kleine. Auf grünen Wiesen weiden einige Rinder, es gibt Bananenpflanzungen, Mangobäume, dahinter die höheren Urwaldbäume, aber sind das wirklich Urwaldriesen? Mir kommen sie von der Höhe her eher wie Sekundärwald vor, Wald, der nach der Abholzung der eigentlichen Urwaldriesen entstanden ist. Dies ist stark vom Menschen geformtes Gebiet.

Die Strecke von Santarém nach Manaus beträgt ungefähr 600 Kilometer, der Eindruck, dass die Ufer relativ dicht besiedelt sind, bleibt über die ganze Strecke bestehen.

An diesem Tag verläuft das Leben an Bord so, als liefe alles wie geplant auf das Reiseende hin. Wir füllen einen Bewertungsbogen aus (werden Sie wieder eine Kreuzfahrt machen? Ich sage eher nein, ich schätze die Freiheit des Individualreisens mehr), erhalten eine Zwischenrechnung über die Ausgaben an Bord (bei mir Getränke, Wäscherei, Ausflüge, eine hohe Rechnung fürs Satellitentelefon, es ist doch schöner, direkt mit meiner Frau zu sprechen als die WhatsApp Nachrichten zu lesen). Das Programm bietet Sitzgymnastik, Bridge, Yoga, Tipps gegen Kopfschmerzen von der Lektorin für Naturheilkunde, am Abend eine Las-Vegas-Show.

Normalität überall, und als ich vor dem „eleganten Abendessen" mit der Tischrunde auf meinen Geburtstag anstoße, sage ich: „Ich freue mich, hier mit Euch sitzen zu können" und meine das absolut so, den Rückhalt, den mir diese Gruppe allein durch ihre Existenz gibt, weiß ich jetzt wirklich zu schätzen.

4
18. März 2020
Meeting of the Waters 07.11 Uhr

Frühmorgens stehe ich wieder an Deck, es ist heiß, der Himmel bedeckt. Wir werden in Kürze das *Meeting of the Waters* passieren. Wie oft habe ich diesen magischen Ort in Filmdokumentationen bewundert. Mitten im Amazonasgebiet, weit weg von jeglicher Küste, treffen dort zwei Flüsse aufeinander, die sich dann zum Amazonas vereinigen: der Rio Negro, an dem weiter flussaufwärts die Millionenstadt Manaus liegt, und der Rio Solimões, der mit vielen Verästelungen weiter ins unwegsamere Inland führt; unwegsam bedeutet wortwörtlich ohne Wege, man kann sich irgendwann nur mit Booten fortbewegen. Diese Erfahrung werde ich nicht machen, aber das *Meeting of the Waters* vom Kreuzfahrtschiff aus zu sehen wird ein Glücksmoment sein.
Also, hier treffen sich die Wasser der beiden Flüsse, das eine schwarz, das andere hellbraun durch die Sedimente, die vom oberen Teil des Flusses heruntertransportiert werden. Und diese Wasser fließen kilometerweit nebeneinander her, bevor sie sich zu den schlammigen Fluten des Amazonas vermischen. Der Fluss ist breit, die Ufer sind nur sehr klein auszumachen. Wir sind auf dem Rio Negro unterwegs, das Wasser ist dunkel und spiegelnd, und dann öffnet sich querab die weite Mündung des braunen Flusses, ein Amazonasboot treibt im Mündungsbereich, hinter uns ein Frachtkahn. An dieser Stelle muss ich ein Selfie machen, und als ich es später betrachte, muss ich lachen, denn eine glückselig lächelnde Frau mit roten Flecken auf der Gesichtshaut und abenteuerlich im Wind zerzausten Haaren strahlt mich an.

Neben mir betrachten zwei ältere Frauen die Szenerie andächtig, und nun verdunkelt sich der Himmel weiter, aus einer Wolkenlücke

lässt helles Licht die schwarzen Wasser des Rio Negro erstrahlen, das Frachtschiff fährt in den hellen Fleck auf dem Wasser ein.
Was wird der Tag bringen? In Kürze kommen wir, einen Tag früher als geplant, in Manaus an. Werden wir mit dem Flugzeug wegkommen? Schon heute hat sich der Charakter der Kreuzfahrt gewendet. Ziel ist nicht mehr, Manaus zu erkunden, letzte Ausflüge vor dem Abflug zu machen.
An diesem Abend wollte ich auf einer abendlichen Kaiman-Safari vom Amazonasschiff und Kanu aus einen Nebenfluss erkunden und im durch Glühwürmchen erleuchteten Abend die kleinen Krokodile aufspüren. Am nächsten Tag hätten wir noch Zeit für die Stadt gehabt, historische Architektur gesehen und die Kathedrale von Manaus, den Palacio Rio Negro, die Residenz eines deutschen Kautschukbarons. Ein Besuch der Oper, des Hafens und eines Marktes wäre möglich gewesen. Jetzt wäre der Gipfel des Glücks, das Schiff verlassen und in einem Bus direkt zum Flughafen gebracht zu werden, von wo die von der Reederei gecharterten Flugzeuge am Abend nach Hause fliegen sollen. Am Abend hat der Kapitän in seiner Ansprache schon angedeutet, dass er keine Hoffnung habe, dass in Manaus mehr möglich sein werde.

In der Bibliothek des Schiffes überrascht nun die Durchsage von der Brücke mich und einige Tischrundenfreunde.
Wir hören fassungslos zu, wie der Kreuzfahrtdirektor betroffen, aber ruhig mitteilt, dass der Gouverneur von Amazonien entschieden habe, niemand vom Schiff, keine Passagiere und keine Crewmitglieder, dürfe das Schiff verlassen. Schon am Abend vorher habe der Gouverneur eine Fernsehrede an sein Volk gehalten und versprochen, dass niemand von diesem Kreuzfahrtschiff mehr einen Fuß auf den Boden Amazoniens setzen werde. Das Schiff werde jedoch alles Nötige erhalten, Treibstoff, Verpflegung, um sicher nach Hause zurückkehren zu können. Der Kreuzfahrtdirektor

fügt hinzu, wir würden vermutlich etwa siebzehn Tage brauchen, um einen Hafen in Europa oder Deutschland zu erreichen, welcher Hafen sei noch ungewiss.

Die Passagiere sind geschockt, bleiben aber ruhig, ich bin überrascht von den zurückhaltenden Reaktionen. Keine Panik ist zu bemerken, eher ein Sich-Fügen ins Unvermeidliche.
„Das ist schon heftig." Brigitte bleibt nicht ganz so ruhig. „Der Flughafen ist drei Kilometer entfernt. Sie könnten uns schon mit Bussen und mit Polizeieskorte zum Flughafen bringen lassen."
„Irgendwie kann ich verstehen, dass sie Angst haben," meint Gabriele. „Und wenn der Gouverneur sich so weit aus dem Fenster gelehnt hat mit seiner Fernsehansprache, kann er auch nicht zurück."
„Ich habe nicht genug von meinen Medikamenten dabei", fällt mir ein. „Ich habe einen Zusatzvorrat für eine Woche, das reicht nicht."
„Ich kann eventuell aushelfen", erwidert Georg, „ich habe genug eingepackt, ich wollte ja noch vier Wochen länger auf dem Schiff bleiben."
Ein großer Teil der Passagiere wäre an Bord geblieben für den letzten Teil der Kreuzfahrt. Nun nimmt keiner dieser Häfen das Schiff mehr auf. Wir werden nirgendwo auf dem Weg nach Europa mehr ankern können, keinen festen Boden unter die Füße bekommen, Hilfe zu erlangen auf hoher See wird schwierig sein.

Heute schmeckt das Frühstück nicht. Und wir empfinden es als unnötigen Zynismus, das auf einem grünen Hügel bei der Einfahrt nach Manaus die Worte *„Bem-vindo a Manaus"* in großen weißen Buchstaben zu sehen sind. Ich trauere den verpassten Erlebnissen nach. Amazonasschiff? Nein. Kaimane? Nein. Da muss die Erinnerung an einen Ausflug in Tortuguero/Costa Rica vor einigen Jahren reichen. Na immerhin haben die armen Kaimane keinen Stress.

Amazonasmarkt? Nein. Aber ich habe in Belém einen gesehen. Historische Gebäude? Um ein Gefühl für Manaus zu bekommen, muss ich wohl nochmal herkommen. Aber große Lust empfinde ich dazu momentan nicht.
Am Vormittag schaue ich beim Vortrag des Seefahrers und Abenteurers vorbei, dessen Erzählstil ich zu Beginn der Reise als gewöhnungsbedürftig empfunden habe und dessen Veranstaltungen ich daher in der Folge mied. Aber heute ist er derjenige, der beruhigende und klare tröstende Worte findet. Ich habe sein Einfühlungsvermögen wohl unterschätzt, als ich mich über seine herablassende Art Frauen gegenüber ärgerte. Und danach berichtet er in mitreißender Art und Weise von seinen Streifzügen durch Panama, in denen es ihm gelang, alte Piratenpfade wiederzufinden und zu nutzen. Das ist pure Unterhaltung und eine Ablenkung, wie sie die Gäste heute gut gebrauchen können.

Der Kapitän lädt für 17.15 Uhr in die Atlantik-Lounge ein. Dann will er detaillierte Informationen zur Rückreise geben.
Vorher treffen sich die Menschen in den Gemeinschaftsräumen, den Bars, Bibliotheken, an den Decks, sprechen über die Probleme, die sie persönlich sehen, wenn die Reise verlängert wird. Einige wissen nicht, wer ihre Tiere zu Hause betreuen soll. Das Medikamentenproblem haben sehr viele. Manche müssen wieder arbeiten nach ihrem Urlaub, haben wichtige private Termine.
Kann das Schiff überhaupt ohne Stopp so lange fahren? Ist genug Versorgung an Bord für über 900 Menschen? Über Emotionen wird nicht gesprochen, aber schockiert sind die meisten, während einige sich lautstark über den verlängerten Luxusurlaub freuen. Aber ob sie das wirklich so empfinden?
Wir legen in Manaus an. Der lange Pier mit Blick auf die Stadt ist fast leer. Ein Polizeiboot lauert in der Nähe. Es wird das Kreuzfahrtschiff in den nächsten zwei Tagen bewachen. Auf dem Pier erwar-

ten einige uniformierte Männer und zwei Hafenarbeiter unser Schiff. Einige PKWs sind dahinter geparkt. Sonst ist niemand zu sehen.
Eine leere zweispurige Pontonbrücke verbindet den Pier mit dem Hafengebiet. Die Reihen von Hafengebäuden, dahinter Kolonialhäuser in Gelb und Grün, dahinter wiederum mehrstöckige Wohnbauten werden wir nicht erreichen. Wir werden tatsächlich keinen Fuß an Land setzen. Wir bleiben auf dem Schiff, auf dem Wasser. Ich glaube, ich finde das einfach unfair.

Am späten Nachmittag in der Atlantik-Lounge herrscht Betroffenheit, aber keine Panik. Ich habe den Eindruck, dass sich die Passagiere, die überwiegend Stammgäste der Reederei sind, trotz allem im Schiff gut aufgehoben fühlen und der Crew vertrauen.
Kapitän und Kreuzfahrtdirektor sprechen an, dass es ihnen in dieser Situation um größtmögliche Transparenz gehe. Die Veranstaltung ist wie ein Event organisiert. Die Verantwortlichen sprechen, es werden auf großen Leinwänden Videos eingespielt. Ich bin beeindruckt von der Mühe, die sich die Crew gibt, das Ganze auch ein bisschen wie eine Unterhaltungsveranstaltung zu organisieren. Der Inhalt jedoch macht weiterhin betroffen. Der Kreuzfahrtdirektor spricht noch einmal über die Entscheidung des Gouverneurs, die der Brücke jetzt schriftlich vorliegt und damit begründet wird, dass die Ausbreitung des Virus vermieden werden soll.
Von allen Verantwortlichen wurde den Behörden gegenüber deutlich gemacht, dass wir das Virus nicht von Europa herübergebracht haben können, weil wir seit achtzehn Tagen in brasilianischen Gewässern unterwegs sind und es keinen Gäste- oder Crewwechsel gegeben hat. Auch habe die Gesundheitsbehörde nach der Inspektion das Schiff weiter als unbedenklich eingestuft und dies auch dem Gouverneur mitgeteilt. Der habe aber anders entschieden.
Es wird ein Video der Rede des Gouverneurs vom Vorabend ein-

gespielt, so dass die Passagiere selbst sehen können, wie der Gouverneur sagt, normalerweise freuen wir uns über die Besucher aus Europa, aber dieses Schiff bleibt nicht hier, sondern bekommt alles, was es braucht, um Brasilien zu verlassen.

Verpisst euch so schnell wie möglich, interpretiere ich. Ich weiß da noch nicht, dass es in Manaus, wie in Deutschland, schon Panik gibt, dass die Menschen Vorräte horten, dass es mindestens eine Engländerin gibt, die in der Stadt Manaus erkrankt ist, dass die Pandemie inzwischen auch im Amazonasgebiet angekommen ist.

Der Kapitän erklärt die weitere Fahrt: Am 22. März werden wir wieder in Belém ankommen und dort volltanken, um genug Treibstoffreserven für unvorhersehbare Stopps zu haben, wir werden in Icoaraci 6-8 Stunden auf Reede liegen, danach gehe es wahrscheinlich nach Hamburg, es lägen dann 4400 Seemeilen vor uns. Das Schiff sei gut versorgt, es nehme hier in Manaus noch Frischwasser und Frischware auf, das Angebot werde etwas eingeschränkt und das Spezialitätenrestaurant an Bord werde schließen, aber im Wesentlichen werden die Speisen wie gewohnt sein. Hotelservice und Unterhaltung werden bestehen bleiben.

Wir befänden uns allerdings nicht mehr auf einer schönen Kreuzfahrt, sondern die gemeinsame Reise müsse jetzt als Rückholaktion betrachtet werden. Das bedeute, dass niemand zusätzlich bezahlen müsse, und die Reisenden, die die letzte Phase der Kreuzfahrt mitgebucht haben, könnten mit einer Erstattung rechnen. Der Wäscheservice werde kostenlos ausgeweitet, jeder Gast habe zusätzlich 150 MB pro Tag frei, um WhatsApp oder Internet zu nutzen. Medikamente seien bestellt worden und würden wohl noch am nächsten Tag zum Schiff gebracht, dann gehe es am nächsten Abend los in Richtung Heimat.

Die Gäste nicken beifällig, auch ich bin erleichtert, wie viel für unsere Sicherheit und unseren Komfort in der Situation getan wird.

Und wir stellen uns die Frage, warum die Reederei so großzügig sein kann. Ist sie eventuell gut versichert und springt die Versicherung in dem Fall für die Kosten ein? Oder gibt es eine Hilfe vom deutschen Staat? Oder trägt die Reederei die Kosten, um ihre vielen Stammgäste weiter an sich zu binden? Auch über die Verhältnisse in der Heimat bekommen wir Infos. Die Fernsehansprache der Bundeskanzlerin von vor einigen Stunden können die Gäste hier auf der Leinwand verfolgen. Sie hört sich an wie eine Motivationsansprache vor einem Krieg. Frau Merkel spricht von einer historischen Aufgabe, mahnt alle Mitbürger, solidarisch zu sein und diese Krise ernst zu nehmen. Sie beschreibt den momentanen Zustand in Deutschland, Millionen Menschen könnten nicht zur Arbeit, Kinder könnten nicht in die Schule, Reisen seien nicht möglich, Grenzen seien geschlossen, Ältere müssten von Jüngeren abgeschirmt werden, Abstand sei das Gebot. Oberstes Ziel sei es, dass die Ausbreitung des Virus verlangsamt, über die Monate gestreckt werden müsse, damit alle Erkrankten die bestmögliche Versorgung bekommen könnten. Der Staat und die Versorgung mit Lebensmitteln werde aber weiter funktionieren und die Krise überwunden werden.
Ich denke an meine Freunde zu Hause und wäre gern bei ihnen, um in dieser katastrophalen Situation füreinander da zu sein.
Wie wenig Sorgen müssen wir uns dagegen hier auf dem Schiff machen. Unser Schiff ist eine heile Welt inmitten des Chaos, wohl versorgt, gesund, mit Unterhaltung und gutem Essen und aufmerksamem Service werden die Gäste bei Laune gehalten. Auch für die Crew gibt es eine Informationsveranstaltung. Beim Abendessen machen wir uns Sorgen um deren Zukunft. Die Ober lassen sich nichts anmerken.

Hi Inga, hier hänge ich jetzt fest. Der Gouverneur von Amazonien lässt uns nicht zum Flughafen. Mache noch die unfreiwillige Atlan-

tiküberquerung und komme voraussichtlich am 4.4. in Hamburg an. Das Schiff ist gut versorgt und wir sind alle gesund. Passt gut auf Euch auf. Viele liebe Grüße Renate

Das ist die lakonische Zusammenfassung für Inga. So ist das jetzt eben.

KAPITEL 11

Der Rückweg nach Belém – Good-bye Icoaraci

1
20. März 2020

Ein weiterer Tag des Wartens am Pier von Manaus. Ein gelb-grünes Papageienpärchen landet schreiend auf einem Mast. Es regnet und die Luft ist recht kühl.
Ein Polizeiboot umkreist das Schiff. In *Harry's Bar* probt der Kreuzfahrtchor eine neue Version des Seemannsliedes „Wir lagen vor Madagaskar", mit dem angepassten Text: „Wir lagen vor Manaus. Und hatten kein Corona an Bord." Die Gäste sind ruhig, meist halten sie sich in ihren Kabinen auf. Einige Lieferwagen mit Vorräten und wahrscheinlich Medikamenten kommen am Schiff an.
Ich fühle mich wie gelähmt. Am liebsten würde ich gar nichts tun, aber es wäre schade, nicht wenigstens die Angebote auf dem Schiff zu nutzen. Im Bordprogramm finde ich einen Vortrag unseres Chocolatiers, der im Bordkino über ein Wiederaufforstungsprojekt des atlantischen Regenwaldes in der Nähe von Ilhéus berichtet; dort wird unter anderem fairer Kakao angebaut und vermarktet.
Das Bordkino ist dunkel, fensterlos und klimatisiert, so muss ich nicht ständig das Flussufer und die unerreichbare Stadt sehen. Ich konzentriere mich auf die Informationen über den Kakaoanbau und erfahre, dass die Kakaobäume den Schatten der höheren Bäume brauchen und daher in der Gegend von Ilhéus nicht alle hohen Bäume abgeholzt wurden. Der Fachmann informiert über die Sorten der Pflanzen, einige haben nur feminine, einige nur maskuline

Blüten, daher müssen beide Sorten angebaut werden. Der Vortrag enthält detaillierte Informationen über die Verarbeitungsarten von Kakao. Mir bleibt besonders im Gedächtnis, dass Kakaosäcke furchtbar stinken. Und dass die in Deutschland bekannte Schokocreme aus vielen anderen Zutaten außer Kakao besteht, nämlich aus Milchpulver, Zucker, Kokos- oder Palmfett und ganz wenig Kakaobutter. Ich nehme mir vor, zu Hause einmal www.amapbrasil.org anzuschauen, mich interessiert fairer Handel sehr und vielleicht gibt mir die Internetseite eine Idee für eine weitere Beschäftigung in der wertvollen freien Zeit, die ich jetzt nach der Pensionierung habe.
Jetzt habe ich Lust auf Schokolade, aber wo ist sie? Zurück in der Kabine durchsuche ich verzweifelt die Minibar. Keine Schokolade da, keine süße Trösterin. Meine Kabinenstewardess hat keine neue Tafel gebracht. Das stört mich jetzt aber. Der Vorrat an Gummibärchen in der Bordboutique ist auch aufgebraucht, es gibt nichts mehr zu kaufen. Wir sind gefangen auf einem Schiff, auf dem es keine Süßigkeiten gibt. Das gibt mir doch fast den Rest. Wir müssen bis zur Kaffeestunde auf den in der Bordküche gebackenen Kuchen warten. Unsäglich.
Ich telefoniere mit meiner Frau. Unsere Reise nach Palermo, die wir Anfang April gemeinsam machen wollten, ist von der Fluggesellschaft storniert worden. Von dieser Reise hatte ich mich sowieso schon verabschiedet, es war klar, dass die Situation in Italien und die Einschränkungen der letzten Tage den Trip, der eigentlich ein Familientreffen mit meinem Bruder in seinem Haus auf Sizilien hätte beinhalten sollen, unmöglich gemacht hatte.
Wir nehmen diese Entwicklung ganz gelassen, es gibt Schlimmeres. Meine Frau nimmt die Nachricht, dass ich noch so lange nicht nach Hause komme, ebenfalls äußerlich gelassen auf – das schaffe ich schon hier, meint sie. Sie ist Lehrerin und versucht jetzt, mit den Schülerinnen und Schülern digital Kontakt zu halten. Ich hätte sie

im Alltag in diesem Ausnahmezustand gern unterstützt, sie erzählt von halbleeren Regalen, von Ausgangssperre, von Ängsten wegen stetig steigender Corona-Zahlen, in dieser Situation wäre ich gern bei ihr gewesen. Die Welt ändert sich in so bedrohlicher Weise.
An diesem Abend bleibt mir fast das Herz stehen, als ich im Bordfernsehen die Konvois mit Militärfahrzeugen in der Nähe von Bergamo sehe, sie transportieren die Särge der Menschen, die an Corona gestorben sind und für die kein Platz mehr auf den lokalen Friedhöfen ist, 3500 Tote, Ärzte, die um Hilfe rufen, alte Menschen, die allein, beatmet, ums Überleben kämpfen. Mein Gott, hilf uns.

Endlich, gegen achtzehn Uhr, verlassen wir Manaus. Einige Brasilianer stehen auf der Mole, winken dem Schiff zum Abschied.

2

Das tägliche gedruckte Programm, ganz tapfer, trägt den Titel „Tagesprogramm, Freitag, 20. März, auf dem Amazonas". Das war so nicht geplant, aber die Mitarbeiter um den Kreuzfahrtdirektor geben sich Mühe, Normalität zu erzeugen. Die *Aufgabe des Tages*, die das Programm schmückt, klingt irgendwie tröstlich: „Schreiben Sie drei Dinge auf, die Sie richtig glücklich machen." In der aktuellen Situation gar nicht so einfach, aber warum nicht?
Ich schreibe auf: „Das Meeting of the Waters sehen", „zu Hause mit meinen Lieben chillen" und „Schokolade mit Himbeerstückchen". Man kann ein persönliches Foto mit Amazonas-Hintergrund auf dem Bug des Schiffes vom Bordfotografen machen lassen, viele Bewegungs- und Spieletreffs sollen die Gäste beschäftigen.
Brigitte hat Geburtstag, der wird beim wie üblich guten Abendessen mit Sekt gefeiert. Später richtet das Showensemble einen Casino-Abend aus, für den *Harry's Bar* mit Spieltischen und die Gäste

mit falschen Jetons ausgestattet werden. Den Abschluss bildet eine James-Bond-Show mit Akrobatik und Filmschnipseln und passendem Wodka-Martini, danach noch eine James-Bond-Party.
Durch diese Aktivitäten sind die Gäste so abgelenkt, dass sich Sorgen gar nicht festsetzen können. Die Stimmung ist gelöst, mir allerdings kommen Gedanken an den *Maskenball des Roten Todes.* Im Fernsehen erscheinen wieder verstörende Bilder aus den Krankenhäusern in Italien. Können wir nicht von Deutschland aus helfen? Bei uns hat die Pandemie die Krankenhäuser doch noch nicht gefüllt, soweit ich weiß.
Natürlich legt das Schiff möglichst schnell viel Strecke zurück, wir befinden uns immerhin mitten im Amazonasgebiet und zurück nach Belém sind es etwa 1500 km. Der Amazonas hat hier 35 m Tiefe, die Ufer sind mit meinem Fernglas gut zu erkennen. Ich verbringe in diesen Tagen viel Zeit an der Reling, betrachte die baumbestandenen Ufer, die Weiden und die gelegentlichen Siedlungen, lasse die Eindrücke dieser grandiosen Flusslandschaft noch einmal auf mich wirken.

Zum Frühlingsanfang am nächsten Tag versucht wieder eine *Aufgabe des Tages* die Reisenden aufzumuntern: „Bevor Sie heute Abend schlafen gehen, notieren Sie sich drei Dinge, für die Sie aktuell dankbar sind – Sie werden erstaunt sein, wie viel besser man einschlafen kann!" Ich bin für so vieles dankbar, auch dafür, dass ich an dem Nachmittag frei von akuten Sorgen beim Chocolatier lernen kann, wie man Blätterkrokant selbst macht.
Abends gegen 17 Uhr verlässt das Schiff die Amazonas-Mündung. Unglaublich wie breit der Fluss hier ist, die Ufer sind kaum erkennbar. Das Wasser unendlich wie das Meer, aber lehmig. Wir fahren nun in Richtung offene See, müssen aber wieder den Bogen nach Süden machen, um in den Flussarm hineinzukommen, in dem Belém liegt. Schön, dieses Mündungsgebiet sehen zu können; bei

der Hinfahrt haben wir es nachts passiert und kaum etwas erkennen können.
Auch heute Abend ist wieder eine große Show angekündigt, diesmal zum Thema *Rat Pack: Songs von Sammy Davis Jr., Dean Martin, Frank Sinatra.* Das Show-Ensemble muss ständig proben für diese vielen unterschiedlichen Motto-Abende, die arbeiten im Akkord für die Stimmung der Gäste, denke ich.
Die *Tagesrundschau* berichtet: Nach Aussage des Robert-Koch-Instituts stellt Corona eine Gesundheitskrise unbekannten Ausmaßes dar. Freiburg hat als erste Stadt eine allgemeine Ausgangssperre verhängt. Auch Markus Söder, der Ministerpräsident von Bayern kündigt an: „Wir fahren das öffentliche Leben nahezu vollständig herunter." Die Metallindustrie vereinbart einen Krisen-Tarifvertrag, um Unternehmen und Arbeitsplätze bis Jahresende zu sichern. Die Temperatur in Bremen liegt bei -2 bis +8 Grad.

3
22. März 2020

Heute beginnt der Tag mit dem Lieblingswitz der Reiseleitung auf dem Tagesprogramm (ausdrücklich gerichtet auch an alle, die diesen nicht hören möchten): „Wieviel wiegen ein Pferd und ein Hund zusammen? Ein Pfund." Äh ja, aber warum nicht.
Die Positionsbestimmung liest sich so: Icoaráci/Brasilien – technischer Stopp auf Reede. Der Galgenhumor wird langsam deutlicher: Gäste, die sich für eine Flusskreuzfahrt interessieren, können sich bei einer Veranstaltung in der Panorama-Lounge informieren. Kreuzfahrt – nie wieder, denken wohl manche.
„Sitzgymnastik – auch im Sitzen kann trainiert werden". Viel Bewegungsfreiheit haben wir ja ohnehin nicht. Für einige Gäste wird ein „Blind Dinner" organisiert. Wir sind ja irgendwie auch blind, also

ziellos unterwegs, der Zielhafen ist noch unbekannt. Für Maniküre oder Pediküre gibt es einen Rabatt. Hingewiesen wird auf den heutigen „Internationalen Tag des Faulenzens". „Gönnen Sie sich heute also gern eine oder zwei ruhige Minuten zwischen all den Aktivitäten im Tagesprogramm." Ich finde, Ruhe haben wir genug. Die Reiseleiter werden mir immer sympathischer. Im geplanten Teil der Reise traten sie eher unpersönlich und mehr oder weniger professionell auf, aber die Truppe scheint mit ihrem Einfallsreichtum jetzt zur Hochform aufzulaufen.

An diesem Abend verlasse ich meine Tischgruppe, um mit Dorothea, einer spannenden Mitreisenden, zu Abend zu essen. Wir unterhalten uns über ihre berufliche Vergangenheit an der Frankfurter Börse, über Reisen, meine Katzen und Beziehungsthemen. Ihre Idee, mit der aktuellen Situation umzugehen ist, jeden Tag kommen zu lassen, einen Tag nach dem anderen, dann werden wir die lange Zeit überstehen, meint sie. Ich kann damit etwas anfangen und gewöhne mir an, morgens nur den nächsten Tag zu überblicken und mich dann zu zwingen, nicht weiter zu denken, nicht an die unendlichen Tage auf dem Wasser, eingesperrt mit hunderten von Menschen auf einem vergleichsweise kleinen Schiff.

Hallo liebe Inga, nochmal Grüße aus Belém, wo wir auftanken und dann geht's direkt Richtung Ärmelkanal. Habe ziemlich Heimweh! Das wird noch eine harte Zeit, aber bei euch ja auch. Arbeitest du eigentlich normal? VLG

Liebe Renate, ich dachte, ihr wäret schon auf hoher See und hättet keinen Empfang mehr. Dass du Heimweh hast, verstehe ich. Wir vermissen dich hier auch alle. Trotzdem kann ich nur sagen, sei froh, dass du auf dem Schiff bist, da bist du sicher und gesund. Die harte Zeit kommt zu Hause.

Inga arbeitet noch, erst eine Woche später wird ihre Firma für drei Wochen die Arbeit einstellen.

Und am Montag liegen wir immer noch vor Belém. Wir hören von geschlossenen Häfen, wissen immer noch nicht, welcher Hafen in Europa uns aufnehmen wird. Wir erfahren, dass erst heute vollgetankt werden kann, weil die bestellte Barge[12] nur die Hälfte der erforderlichen Ladung bringen konnte und den Rest des Treibstoffs von weit herholen muss. Und wir brauchen die volle Ladung, um zumindest technisch sicher nach Europa aufzubrechen.

Es gibt immer wieder Durchsagen von der Brücke, Verzögerungen werden genannt und begründet. Alle haben Angst, werden wir noch von hier wegkommen oder wird Brasilien auch diesen Hafen schließen? Kommt die Barge noch rechtzeitig vor einem Lockdown, kommt sie überhaupt noch? Und hat eventuell doch jemand auf dem Schiff Corona, auch wenn die Schiffsleitung immer wieder angibt, es gebe keine Anzeichen dafür? Hundertprozentig kann das ja niemand wissen, viele haben Erkältungssymptome. Das Thema wird durchaus angesprochen, aber alle hoffen, dass dem nicht so ist, auch hier bleiben die Reisenden recht gelassen.

Ich bin zurück bei meiner Tischgruppe. Dort war mein Platz am Vorabend leer geblieben. Die Sicherheit dieses täglichen Treffens wird mir immer wichtiger. Ich bin froh, dass die Gruppe einzelne Alleingänge so freundlich toleriert.

Der Abend endet mit der Tagesschau im Bordfernseher. Frau Merkel geht in häusliche Quarantäne. Der spanische Opernstar Plácido Domingo hat sich mit dem Corona-Virus infiziert. Unsere Anführer, unsere Promis werden krank? Das darf nicht sein.

4
24. März 2020 - Abreise aus Brasilien

6 Uhr. Die Sonne scheint hell und leuchtend durch den Spalt in den dunkelgrauen Vorhängen, den ich offengelassen habe, damit ich das Ablegen nicht wie vor einigen Tagen verschlafe. Ich stürze ans Fenster, das Schiff ist ruhig, die braunen Fluten des Rio Guamá auch, in der Ferne Icoaraci und Belém, unverändert. Wir haben also noch nicht abgelegt.

Seit zwei Tagen liegt das Schiff bewegungslos, außer gestern, als sich der Anker losriss in der stärkeren Strömung des Amazonas, wartend auf die Barge, die uns schon einmal eine erste Ladung Treibstoff gebracht hat, dann aber auf Nimmerwiedersehen hinter den Hochhäusern von Belém verschwand mit dem Versprechen, mit soviel Treibstoff zurückzukommen, dass wir es bis nach Hause schaffen würden. Versprochene Ankunft zunächst gestern um 17 Uhr, dann um 21 Uhr, dann um 24 Uhr. Und einige Stunden werden zum Treibstoffeinpumpen benötigt.

Also, um sechs Uhr nichts. Inga schickt mir eine Landkarte von der Homepage des Reiseveranstalters, dort ist unser Schiff eingezeichnet in der Flussmündung. Meine Frau schreibt, sehe ich das richtig und ihr seid immer noch vor Belém? Ja, Baby, ich kann nicht schieben, das würde nicht helfen.

Der Tag beginnt mit den letzten Szenen aus Pirates of the Carribbean 2 im Bordfernseher. Der Bewohner der Nachbarkabine ist ausgezogen, seine Matratzen stehen senkrecht im Bettrahmen, die zwanzig Bücher aus der Bibliothek, die in seinem Regal lagen, sind verschwunden. Irgendwo auf dem Schiff muss er wohl sein, das ist ja ein geschlossenes System.

Halb angekleidet nehme ich gerade mein T-Shirt aus dem Schrank, als ich erste leise Takte höre. Ist das nicht die Auslaufmelodie? Wir laufen aus!

Inzwischen ist es 7.30, helle Sonne, kein Treibstoffschiff in Sicht, ich springe ins T-Shirt, greife meine Kappe und die Kamera, rase zum Aufzug. Eine behäbige Frau, die ihren Early Morning Tea auf Deck 7 holen will, verstellt mir den Weg. Dann bin ich endlich auf Deck 12, laufe die Treppe zu Deck 13 hinauf, dort stehen zwei einsame Figuren, offensichtlich gerührt. Ich richte meine Kamera noch einmal rückwärts nach Icoaraci. Die kleine Stadt habe ich bei unserem ersten Aufenthalt, vor inzwischen zehn Tagen, liebgewonnen, die Tänzer, die freundlichen Verkäufer, die urigen Boote. In den letzten Tagen war der Ort nur von weitem zu sehen, die Anlegestelle nur durch den Kamerazoom, unerreichbar. Ich bin seit diesen zehn Tagen nicht mehr von Bord gegangen. Und habe noch etwa zwölf Tage auf See vor mir, falls wir einen Hafen finden, der uns aufnimmt und an dem wir von Bord gehen können. Über die einzige bekannte Alternative, dass unser Schiff auf längere Zeit irgendwo auf Reede liegen muss, denke ich lieber nicht nach.
Ich sehe die urwaldbestandenen Ufer von Inseln im Fluss vorbeiziehen, noch ursprünglich, Bäume unterschiedlicher Höhe bilden Etagen im Regenwald. Ciao Brasilien. War schön, war Abenteuer. Wehmut, ich komme wohl nie wieder. Nein? Vielleicht doch. Das Mündungsgebiet mit den vielen Inseln gefällt mir, es ist nicht so von Menschen umgestaltet wie die Ufer weiter im Landesinneren. Einfach mal zwei Wochen in einer Lodge verbringen?
Und an Icoaraci habe ich mein Herz auch verloren. Ich beruhige mich. Wer weiß das schon, ob ich nicht doch wiederkomme? Warum nicht gleich nächstes Jahr?
Marajó heißt diese große Insel hier, oder vielleicht reise ich einmal ins Grenzgebiet zu Guayana. Eine weitere Kreuzfahrt wäre nicht bezahlbar, eine Individualreise schon.
Aufgewühlt tapse ich zu meiner Kabine zurück. Das Lotsenboot versucht gerade, am Eingang auf meinem Deck anzulegen. Ein schmucker, in schwarze Uniform gekleideter Brasilianer mit teurer

Brille wartet am Ausgang darauf, dass unsere philippinischen Seeleute die Strickleiter montieren und ihre Festigkeit prüfen. Ich grüße ihn, er schaut misstrauisch zurück. Er und sein Kollege haben uns in den letzten Tagen begleitet, uns sicher durch die Untiefen des Amazonas geführt, miterlebt, wie das Schiff zur Festung wurde. Welches werden seine Sorgen gewesen sein? Er verlässt jetzt das Schiff und kann immerhin nach Hause gehen.
Geschickt springt er auf das Lotsenboot, es dreht ab und wendet zurück in den Fluss, und mein Schiffchen dampft mit beträchtlichem Tempo in die offene Flussmündung hinaus.

KAPITEL 12

Atlantiküberquerung

24.–29. März 2020

1

Am Dienstag frühstücke ich mit Dorothea auf dem offenen Lido-Deck. Der DAX in Deutschland ist am Vortag um 9 % gestiegen, wir fragen uns, ob der Grund ist, dass Frau Merkel nicht erkrankt ist? Es ist sonnig, die Temperatur sehr angenehm, das Speisenangebot wie immer, nur das Angebot an frischem Obst ist etwas eingeschränkt, auch die Anzahl der Brotsorten, die an Bord gebacken werden.

Dorothea und ich checken uns vorsichtig ab, schauen, ob die andere eventuell als Partnerin für zukünftige Reisen in Frage kommt. Obwohl ich sie sympathisch finde, stelle ich doch fest, dass einiges nicht passt: Sie ist viel aktiver und sportlicher als ich, sie raucht, ich nicht, sie mag keine Katzen, da bin ich vorsichtig.

Danach verbringe ich den Tag lesend in der Panorama-Lounge. Aus der Bibliothek habe ich ein Buch geliehen, das in verführerischer Form das ereignisarme Dasein eines Rentners beschreibt[13]. Er geht mit seinem Hund spazieren, hat kurze Begegnungen mit Bekannten, hört Musik, spielt manchmal selbst Orgel. Das war's. So mache ich das jetzt auch. Schreiben, lesen, schlafen, essen, dem Meer zuhören und zusehen. Eine *Amour fou* mit einer rätselhaften Künstlerin würzt das Leben des Rentners gelegentlich, dies ist mir nun nicht vergönnt, aber auch nicht wirklich nötig.

Die Reiseleiter haben ein gemeinsames Projekt initiiert: Gäste und verfügbare Crewmitglieder drehen zu Fuß so viele Runden auf dem

Promenaden-Deck 7, bis zusammen die Entfernung bis nach Hause, 8093 km, geschafft wurde. Zusammen müssten die Teilnehmenden etwa 21.000 Runden laufen. Zahlreiche Passagiere, die ihre Zeit sowieso schon mit ständigen 400 m-Runden um dieses Deck herum verbracht haben, machen mit. Ich nicht, ich fühle mich eher wie gelähmt. Ich habe seit acht Tagen keinen Sport mehr getrieben und mich kaum bewegt. Erstaunt stelle ich fest, dass mein Körpergefühl jedoch nicht schlechter ist als sonst.
Im Bordfernsehen verfolge ich eine Reportage über eine junge Frau, die wegen Corona in Peru gestrandet ist und dort eine Wohnung mieten muss für unbestimmte Zeit. Ich bin dankbar, dass unser Schiff uns aus eigener Kraft nach Hause bringen kann. Ich erfahre auch, dass Ladenbesitzer in Deutschland eine Soforthilfe von 9.000 bis 15.000 Euro beantragen. Da hat die Politik doch mal schnell reagiert.

2

In diesen Tagen halten wir uns vorwiegend an Ritualen fest. Nach dem Frühstück am Morgen im Wintergarten auf Deck 11 bei den immer strahlenden Matthew und Martin trifft sich die Tischgruppe zur Andacht mit dem Bordpastor. Auch dieser hätte in Manaus von Bord gehen wollen, aber er hatte sich schon in einer frühen Phase bereit erklärt, bis Monaco an Bord zu bleiben.
Jeden Morgen fahre ich mit dem Zeigefinger auf dem großen Globus in der Bibliothek unsere Route über ein Viertel des Erdballs nach. Zuerst sollte es von der Mündung des Amazonas direkt zum Ärmelkanal gehen. Dann hat der Kapitän die Route geändert, wir halten jetzt zunächst auf die Kapverden vor Afrika zu und nehmen dann Kurs nach Norden auf die Kanarischen Inseln. Der Kapitän spricht mehrmals täglich zu den Gästen und erklärt zu der Kursän-

derung, auf dem Nordatlantik gebe es stürmisches Wetter und das könne gerade niemand gebrauchen, weder die Gäste noch die Crew. So werden wir etwa einen Tag länger unterwegs sein nach Hause.

Ich glaube, es ist ihm auch lieber, die meiste Zeit in Landnähe zu sein als auf dem offenen Ozean, weil medizinische Hilfe eher erreichbar ist. Immerhin sind viele Gäste in ihren Achtzigern, und da sind Notfälle schon unter normalen Bedingungen wahrscheinlich. Ich erfahre, dass das Schiff immer Särge an Bord hat und dass manche Kreuzfahrtgäste auch noch schwer erkrankt auf ein Schiff gehen mit der Vorstellung, dort zu sterben.

Mittags bin ich für ein paar Stunden auf Deck, das Mittagessen gibt es entweder an der dortigen Grillstation oder es wird ausgelassen, weil die Tischrunde sich ab 15.30 Uhr zu Kaffee und Kuchen wiedertrifft, den Tag bespricht, die Nachrichten aus der Heimat, von den Familien, aus den Fernsehinformationen an Bord.

Dann eine Stunde an der Bar auf dem Achterdeck, wo Dutzende von Gästen mit verbissener Miene und in beträchtlichem Tempo ihre Walking-Runden zurücklegen und der Caipirinha, auch nachdem Petra die Barbesatzung intensiv gecoacht hat, nicht viel besser geworden ist. Die Stimmung zwischen einigen Gästepaaren wird angespannter.

Jetzt wird die Lage der Kabinen zu einem wichtigen Faktor. Wenn über der Kabine auf Deck 7 das Showensemble ständig lautstark für die Aufführungen am Abend probt, liegen bei den betroffenen Gästen die Nerven blank. Die Sportkurse werden zu gut besucht, vor dem kleinen Kursraum liegen die Teilnehmer bereits im Flur auf ihren Matten, die Stimme der Kursleiterin ist kaum zu hören.

Unser Schiff ist noch ein wirkliches Schiff, relativ klein, nicht so ein riesiges Hotel auf dem Wasser wie andere Kreuzfahrtschiffe. Der Charme des kleinen Schiffes steht nun im Gegensatz zu den begrenzten Möglichkeiten, wie die Gäste hier aktiv sein können.

Aber der Atlantik – wie wunderschön! Wir fahren ständig gegen den Nordostpassat, also Richtung Nord-Ost, die Sonne scheint für viele Stunden täglich, und gegen den starken Wind brauchen wir die ersten dünnen Jacken. An der Reling von Deck 7 stehend, von der Sonne geschützt durch die darüber verankerten Rettungsboote, lasse ich mich von der salzerfüllten Luft umwehen. Weiße Gischt spritzt auf vom Bug des Schiffes, das durch die Wellen pflügt, und verbreitet sich über die Steuerbordseite, an der ich den Übergang des hellen Schaumes in das dunkle Ultramarinblau des Ozeans bewundere. Wellenkämme, bewegte See, der Seegang ist beträchtlich. In der Ferne geht das satte Blau des Ozeans in den helleren Blauton des Himmels über, akzentuiert durch einige milchigweiße Wolkengebilde.
Die Spaziergänger sind vom Promenadendeck verschwunden. Viele Passagiere verbringen die Tage in ihren Kabinen, solche mit Balkonkabinen lassen sich oft viele Stunden lang nicht sehen, ich mit meiner einfachen Kabine mit einem Fenster direkt über dem Meeresspiegel suche mir lieber einen Platz im Freien oder in der Panorama-Bar. Ich sitze oft erhöht auf einem Barhocker auf dem Achterdeck, einer meiner Lieblingsplätze auf dem Schiff, die schmale Leiste, auf der ich mein Getränk abstellen kann, direkt an der Reling. Von hier aus kann ich wunderbar die Heckwelle meines Schiffes im Blau der Atlantikwellen verschwinden sehen. Leider verpasse ich in meiner meditativen Stimmung einige Wale, die Mitreisende vom Bug aus gesehen haben wollen.
Am Abend wieder Essen am runden Tisch. Die Speisen werden einfacher in der Zusammenstellung, nicht mehr so raffiniert. Aber die Präsentation und Dekoration, die professionelle freundliche Bedienung bleibt gleich. Alle fühlen sich weiterhin gut versorgt und von der Besatzung verwöhnt. Wir machen uns nun auch Gedanken über die Crew: Was wird mit ihnen passieren am Ende der Kreuzfahrt? Viele sind erst in Montevideo an Bord gekommen, sie haben

üblicherweise Verträge für acht Monate, jetzt sind sie erst einige Wochen an Bord. Der Kapitän versichert, sie würden weiter bezahlt, aber besorgte Gesichter sind inzwischen schon zu sehen. Viele müssen mit ihrem Lohn Familien versorgen. Das Virus ist auch in Asien angekommen, wie geht es ihren Verwandten und wie werden sie nach Hause kommen? Unser Ober fragt, ob es in der Nähe von Emden einen Flughafen gibt, dort soll das Schiff ankern, nachdem die Passagiere von Bord gegangen sind. Wir müssen leider verneinen, die Flughäfen von Hamburg und Bremen sind mehrere hundert Kilometer entfernt. Diese Fragen bestimmen sicherlich einen großen Teil des Tages dieser Menschen, die sich so selbstverständlich um unser Wohl kümmern.

Wir erfahren, dass das Schwesterschiff, das sich vor Australien befindet, einige Corona-Fälle an Bord hat und jetzt mit ungewissem Ausgang in Quarantäne vor Freemantle in Westaustralien liegt. Wir fühlen, wie nah uns die Gefahr ist, welches Glück wir haben, dass wir auf unserer Route keine neuen Passagiere und Crewmitglieder aufgenommen haben, die das Virus aus Europa hätten mitbringen können. Aber auch wir sind noch nicht sicher, dass sich nicht jemand in Brasilien angesteckt hat, weil wir noch keine vierzehn Tage auf See sind.

Und besonders die Mitglieder unserer Crew sind betroffen. Viele haben auf dem Schwesterschiff Freunde und Familienmitglieder, auch unsere Reiseleiter und die nautische Crew kennen ihre Kollegen dort und fühlen mit ihnen.

Alle Passagiere und Crewmitglieder treffen sich auf Deck, es entstehen bewegende Bilder von Solidarität und Mitgefühl. Die Bilder und eine Videobotschaft werden an das Schwesterschiff auf der anderen Seite der Welt geschickt, um Mut machen. Der Bildschirm über der Außenbühne zeigt während der kurzen Zeremonie unsere Position an, sie ist markiert durch einen einsamen weißen Kreis auf dem Ozean mitten zwischen den Kontinenten Amerika und Afrika.

Abends Pianomusik, eine Märchenlesung, ein Tanzabend, Shows mit immer wieder neuen Themen, für die das Showensemble tagsüber mit verzweifelter Energie probt, so kommt es uns vor. Die Shows sind weiterhin gut besucht, die ruhigeren Musikveranstaltungen gefallen in diesen Tagen weniger Menschen. Eine äußerst komische Version des Sketches „Dinner for One" mit Butler James und Miss Sophie sorgt an einem Abend für Heiterkeit. Währenddessen befindet sich „one third of the planet under lockdown"[14] und Amerikas Präsident Trump behauptet, der Kampf gegen das Corona-Virus würde bald enden. Ein Psychopath, der sich die Deutungshoheit über die Wirklichkeit nimmt. Wie konnte es passieren, dass dieser Zerstörer an die Macht kommt?

Auch wir fühlen uns im Lockdown, irgendwo zwischen Südamerika und Westafrika festgesetzt auf einem kleinen Schiff, in den Hochseewellen wirkt es durchaus verwundbar. Gefahr von innen und von außen, viele Passagiere sind erkältet, ist es vielleicht doch Corona? Sicher aufgehoben können wir uns nicht fühlen. Ich tanze gern, aber zu meinem Bedauern bin ich zu den angebotenen Tanzveranstaltungen nicht fähig.

Die Show am nächsten Abend, eine Savannen-Nacht mit Tanzeinlagen aus dem Musical „König der Löwen", kann mich aufheitern, ich liebe die fantasievollen Kostüme, die Aufführung ist mitreißend und heiter und sie hilft mir zu glauben, dass man irgendwann in naher Zukunft wieder reisen kann, dass die Welt irgendwann wieder offen ist.

Beim abendlichen Zusammensein berichten wir einander von unseren früheren Reisen. Unser Senior hat allein in diesem Jahr nach Rückkehr von dieser Kreuzfahrt vier weitere Reisen geplant, zunächst mit seinem Sohn nach Madeira, im Mai will er den Westen der USA bereisen, im Herbst entweder Indian Summer in Kanada oder eine Reise in die Südsee. Mir ist ein Rätsel, woher er diese Energie nimmt, immer wieder Koffer zu packen, sich auf Neues einzustellen, und die Kosten sind für ihn offensichtlich auch kein Problem.

Inzwischen wissen wir, dass wir in Bremerhaven an Land gehen dürfen. Jeden Tag gibt es neue kleine Informationsbrocken über die Modalität der Einreise nach Deutschland, es wird über die obligatorische „Aussteigerkarte" informiert, die ausgefüllt abgegeben werden muss. Das Gesundheitsamt in Bremerhaven und auch die Ämter an unseren Wohnorten werden über unsere Ankunft informiert. In der Rubrik „besuchte Länder der letzten zehn Tage" ist nichts einzutragen, heißt es. Ich bin jetzt seit zwölf Tagen ununterbrochen an Bord.

Am 28. März befinden wir uns laut Tagesprogramm in der Mitte des Atlantiks. Die Kapverden haben wir inzwischen in beträchtlicher Entfernung passiert, unser Kurs führt jetzt an der afrikanischen Küste entlang zu den Kanaren.

Ich bin erleichtert. Europa ist nicht mehr so weit entfernt. An Bord sind alle gesund geblieben, es ist keine Panik ausgebrochen, Gäste und Crew kommen mit den Bedingungen im alltäglichen Miteinander zurecht.

Der Abenteurer und Seefahrer hat sich ebenfalls wie der Bordpfarrer als einer der Stars im Alltagsleben der Reisenden etabliert. In der gut besuchten Atlantik-Lounge erzählt er nun an jedem Vormittag aus seinen reichen Erfahrungen auf See Geschichten, die für diese Reise nicht geplant waren und die den Passagieren Stabilität und Hoffnung geben. Reisen, zu Trauminseln in der Karibik und der Südsee, die man vielleicht doch irgendwann mal wieder machen kann. An diesem Tag berichtet er über die Flying P-Liner, die Viermaster-Handelsschiffe mit Namen wie *Pamir, Padua* und *Passat*. Sie brachten Salpeter als Dünger aus Chile nach Europa, bis zu einem Schiffsunglück vor den Azoren 1957, als die *Pamir* in einem Hurrikan unterging, viele junge Seeleute starben und einige Wochen später ein anderes Segelschulschiff Probleme mit verrutschender

Fracht in einem Sturm bekam. Dies bedeutete das Ende der frachtführenden Großsegler.
Unser Seebär ist selbst als junger Mann auf der *Passat* gefahren.[15] Ein anderes dieser eindrucksvollen Segelschiffe, die *Padua,* ist jetzt unter dem Namen *Kruzenstern* bei Ausstellungen und Hafenfesten in Europa zu bewundern.
Ich kenne die *Kruzenstern,* war schon einmal bei einem Hafenfest vor einigen Jahren an Deck, als der Viermaster in Bremen lag. Poster mit solchen Viermastern hingen schon in meinem Jugendzimmer, als Kind verschlang ich die Geschichten der Entdecker der Meere aus dem 18. und 19. Jahrhundert, später faszinierte mich der Aufbruch in den Weltraum. Die Sehnsucht nach der Ferne, der *Frontier Spirit,* also der Drang, an die Grenzen der bekannten Welt zu gehen, war auch meine Sehnsucht; sicherlich auch symbolisch für den Drang nach Befreiung aus der engen Kindheit und Jugend der Sechziger Jahre.
In der Welt außerhalb des Schiffes ist Boris Johnson, der britische Premier, ebenso wie Prince Charles positiv getestet worden. Jair Bolsonaro, der brasilianische Präsident, erlässt ein Dekret, wonach Gottesdienste in Kirchen von den Kontaktbeschränkungen ausgenommen sind, weil sie lebenswichtige Ereignisse darstellen.[16] Der Papst steht allein auf dem Petersplatz und segnet die Gläubigen in der ganzen Welt, die unter der Pandemie leiden, mit seinem Segen *Urbi et Orbi*, und findet Worte, die an eine Apokalypse glauben lassen.[17]
Auch ich fühle mich ängstlich und verloren. Bisher sind weltweit 23.000 Menschen an der Pandemie gestorben, und es ist kein Ausweg zu sehen, die Welt steht dem Virus, der sich so rasant und aggressiv ausbreitet und eine so schreckliche Erkrankung hervorruft, weitestgehend ohnmächtig gegenüber. Ich gehe schweren Herzens zu Bett; das Betthupferl, ein Mini-Täfelchen aus Himbeer-Schokolade, kann nicht trösten.

Am Sonntag, dem 29. März wird der Zwischenstand zur Gruppenaktivität *„Wir gehen zu Fuß nach Hause“* festgestellt: 2.814 gezählte Runden haben Passagiere und Besatzung zurückgelegt. Heute in einer Woche werden wir hoffentlich in Bremerhaven ankommen. Die Bordlandkarte verortet unser Schiff nun einige hundert Seemeilen südwestlich der Kanaren. Ich bin so erleichtert, dass diese Inseln zumindest auf der Landkarte endlich in Sichtweite sind.
Das Schiff ist nun seit vielen Tagen rund um die Uhr mit hohem Tempo unterwegs. Viele fragen sich, ob das relativ kleine Kreuzfahrtschiff für diese Belastung ausgelegt ist. Wir sind ja komplett von seiner guten Form abhängig. Um den Passagieren auch in dieser Hinsicht Sicherheit zu geben, lädt die nautische Besatzung die Passagiere zu einer nautisch-technischen Fragestunde ein, diese wird humorvoll wie eine Show gestaltet. Der Kapitän, sein Stellvertreter und der Chef-Ingenieur stellen sich auf der großen Außenbühne den Fragen, haben aber auch Vortragsmaterial im Gepäck und nutzen die riesige Leinwand hinter der Bühne für Bilder aus dem Maschinenraum und Zeichnungen von technischen Abläufen. Der Kapitän bemerkt launig: „Und wer steuert jetzt das Schiff? Dies ist die Frage, die uns immer mal gestellt wird, wenn wir alle hier stehen. Unsere Antwort ist meist, der Friseur hatte noch etwas Zeit und macht das jetzt gern. Aber wir haben natürlich noch mehr Offiziere, die sich in dieser Minute um das Schiff kümmern.“
Morgens frühstückt der Kapitän mit seinem Stellvertreter und mehreren anderen Offizieren gemeinsam fröhlich an einem runden Tisch, schon öfter haben wir uns gefragt, wer denn jetzt das Schiff steuert. Also der Friseur, klar.
Mich interessieren auch die detaillierten Informationen, die jetzt kommen, sehr: Der Ingenieur berichtet über den Antrieb des Schiffes, eine Seekadettin, übrigens in Bremen ausgebildet, erklärt die Funktion des Sextanten, Kapitän und Ingenieur erläutern die technischen Fragen, die mit dem Werfen des Ankers zu tun haben. Jetzt

wird mir klar, warum in den Positionsdurchsagen am Morgen oft die Länge der Ankerkette genannt wurde, dies scheint eine essentielle Größe zu sein, um das Schiff am Ankerplatz zu sichern, wenn es auf Reede liegt. Der Anker gräbt sich zwar in den Untergrund ein, maßgeblich ist aber auch die Haltekraft, die durch die Reibung der Kette am Grund entsteht, diese hängt wiederum von der Länge der Kette ab. Andere Größen wie Bodenbeschaffenheit, Wind- und Strömungsverhältnisse sind auch zu beachten, dies führte zum Beispiel dazu, dass einige Frachtschiffe in der Amazonasmündung quer zum Flussbett vor Anker lagen. Das finde ich als frühere Lehrerin für Physik natürlich spannend.
Meine Frau schickt mir Fotos unserer Katzen. Ich bin beglückt.

An diesem Tag erhalten wir detailliertere Informationen über unsere geplante Ausschiffung. Am nächsten Sonntag werden wir gegen 11 Uhr an der Columbuskaje in Bremerhaven anlegen. Wann die Freigabe zum Landgang erfolgen wird, weiß die Besatzung noch nicht. Die Passagiere werden in Zwanziger-Gruppen mit Atemschutzmaske ausschiffen. Ob es Busse zur Weiterfahrt geben wird, ist noch unbekannt. Im Moment herrscht in Deutschland für Reisebusse Fahrverbot.
Da ich in der Nähe von Bremerhaven wohne, ist die Rückreise für mich kein Problem, ich kann mich abholen lassen. Autos dürfen wohl bis zu einer Stelle außerhalb des Terminals fahren, aber es darf nur ein Passagier pro Auto mitfahren. Unklar ist, ob man als Autofahrer eine Erlaubnis braucht, wenn man außerhalb des eigenen Landkreises unterwegs ist.
Viele meiner Mitreisenden wohnen in der Nähe von Frankfurt, einige noch südlicher, wir haben auch Österreicher an Bord. So kann die verbleibende Zeit, immerhin noch eine weitere Woche, mit dem Planen der individuellen Rückreisen verbracht werden.
Also, es gibt wieder etwas zu tun!

KAPITEL 13

Heimkehr

1
30. März 2020

Land in Sicht! Um sieben Uhr am Morgen des 30. März bahne ich mir den Weg durch die Kabinengänge. Der Seegang ist hoch, das Schiff rollt beträchtlich, gut, dass die Gänge mit Haltegeländern ausgestattet sind. Ich trete in Harry's Bar ein und ich kann es beim Blick durch die Fenster kaum glauben. Land! Das muss La Palma sein! Die kanarische Insel, die wir laut Routenangabe des Kapitäns vom Vortag in Sichtweite passieren würden.
Ich fühle, wie die Starre der vergangenen Tage sich plötzlich löst. Das Schiff rauscht zuverlässig und konstant in wenigen Kilometern Entfernung an der langgezogenen trapezförmigen Silhouette der Insel vorbei. Die Gipfel sind verdeckt durch ein helles Wolkenband, darüber dunklere dichtere Wolken, das Meer stahlblau. Ich bin so glücklich, dass ich Mengen an Fotos mache von der gleichen Aussicht, ich kann gar nicht aufhören. Europa, wir sind da. Das Wolkenband ist inzwischen langsam nach unten gesunken, so dass die Gipfel des Bergzuges der Insel sichtbar werden. Und dann geht auch noch die Sonne auf.
Wenige Gäste sind in die Bar gekommen, um einen frühmorgendlichen Kaffee zu holen. Man hört erleichterte Kommentare, und die fröhliche Stimmung hält den ganzen Tag an. Jetzt sind es nur noch wenige Tage bis zur Heimkehr, und die Vorbereitungen für die Ausschiffung beschäftigen alle Reisenden.

Ich habe vor einer Woche bereits einen Friseurtermin ergattert, einen der letzten bei unseren freundlichen Friseurinnen, an diesem Montag um acht Uhr, und ich lasse mich von einer Dame aus Simbabwe schön machen für zu Hause, mit Blick auf die rettende Insel, die noch lange in Sichtweite bleibt. Schon am Abend zuvor hat Inga mir geschrieben:

„Es ist wäre sehr sinnvoll, nochmal zum Friseur zu gehen, denn hier ist es die nächste Zeit nicht möglich. Wenn ihr Masken bekommt – aufheben, hier gibt es keine. Wir sind dabei, selbst welche zu nähen. Wir schauen uns gerade dein Abendmenu und das Programm an. Liest sich sehr nett."

Auf der Homepage des Reiseveranstalters sind die Position des Schiffes, eine Aufnahme der Bugkamera, das Programm des Tages und sogar die Speisekarte zu finden. Wie skurril, denke ich mir, muss dies meinen Daheimgebliebenen vorkommen, die zu Hause mit dem Lockdown und so vielen ungewohnten Einschränkungen zurechtkommen müssen. Wir an Bord tragen weder Masken noch gibt es Abstandsregeln, Desinfektion war immer schon und überall angesagt, aber hier geht das Leben sonst weiter wie gewohnt.

2
31. März 2020

Zu Mittag ist ein Event mit bayerischen Spezialitäten auf dem Lido-Außendeck angekündigt. Wichtiger ist aber, dass diese Gelegenheit zu einer Benefizveranstaltung für die Crew genutzt werden soll. Deren berufliche Zukunft ist ungewiss; nach der Ankunft in Deutschland werden einige Mitglieder, die für die Instandhaltung des Schiffes gebraucht werden, an Bord bleiben, die anderen sollen nach Möglichkeit in ihre Heimat zurückgebracht werden und bleiben dann ohne Einkünfte. Besonders die Crewmitglieder von den

Philippinen und aus Indonesien wird dies hart treffen. Und so organisiert die Unterhaltungscrew eine humorvolle Auktion mit mehr oder weniger wertvollen Gewinnen, deren Erlös unter den ca. 400 Crewmitgliedern aufgeteilt werden soll.

Brigitte und ich verfolgen das Spektakel auf der Bühne von der Empore auf dem darüber liegenden Deck aus. Der Auktionator in bayerischem Outfit, flankiert von jungen Frauen in bunten Dirndls, macht einen guten Job, er treibt die Angebote für die Objekte gnadenlos hoch, und die Gäste lassen sich animieren. Neben uns steht der Kapitän und beobachtet das Ganze, wir wundern uns, dass er eine einfache blaue Kappe trägt, ja, tatsächlich wird auch seine weiße Kapitänsmütze versteigert, außerdem Rettungsringe, („Was, nur 600 Euro? Ich lege noch eine Packung Klopapier drauf", ruft der Auktionator und der Preis steigt beträchtlich), außerdem Pralinensortimente des Chocolatiers, Souvenirs aus den besuchten Ländern, eine von allen Offizieren unterschriebene Seekarte.

Die Kapitänsmütze ersteigert eine Passagierin für mehrere Tausend Euro. Ich kann da nur staunend zusehen, von diesen Geldbeträgen kann ich nur träumen. Ich beteilige mich mit einem mir angemessenen Betrag, denn nicht nur die Versteigerung, sondern auch Spendenzettel, die an alle verteilt werden, sollen Geld bringen.

Der Ertrag aus dieser Auktion beläuft sich auf einen mittleren fünfstelligen Betrag. Beeindruckend, finde ich, wenn er jedoch gleichmäßig auf alle Crewmitglieder aufgeteilt würde, (die Offiziere sind ausgenommen worden), bekäme jeder nur eine recht geringe Summe. Aber auch dies könnte zumindest für die Crewmitglieder aus Asien und Osteuropa, in deren Heimat die Lebenshaltungskosten niedriger sind, eine Hilfe sein. Die ganze Aktion war doch recht erfolgreich, finde ich, es gibt wohl tatsächlich so etwas wie eine Schiffsfamilie.

3

1. April 2020

„Ich lese nun ein Schreiben des Gouverneurs von Amazonien vor. Darin bittet er uns, unverzüglich zurückzukommen, es tue ihm sehr leid, dass er uns nicht empfangen konnte und uns weggeschickt hat. Er möchte uns eine besondere Aufführung im berühmten Opernhaus von Manaus zur Wiedergutmachung schenken." Am Morgen des ersten April schallt diese Mitteilung aus den Bordlautsprechern. Es wird am Ende auf das besondere Datum hingewiesen, so beunruhigt dieser Aprilscherz, den sich einige Gäste ausgedacht haben, nicht übermäßig. Mir gefällt, dass sich die Schiffsleitung auf diesen zweischneidigen Gag eingelassen hat, so einen Spaß können wir gut brauchen, die Abfuhr aus Manaus hängt uns noch nach.

Wir sind zwar in Europa angekommen, aber der Heimweg fühlt sich noch unendlich lang an. Wie eine Schnecke scheint das Schiff voranzukommen, der Pfeil auf der Karte im Bordfernseher bewegt sich nur langsam nach Norden, zu langsam für meinen Geschmack. Die Strategie, nur den aktuellen Tag zu betrachten, funktioniert nicht mehr, jetzt, wo das Ziel so nah scheint. Der Seegang vor Spanien und Portugal ist recht hoch, so dass das Schiff seine Geschwindigkeit drosseln musste.
Die Reiseleitung versucht, diesen ersten April zu nutzen, um die Stimmung aufzuheitern. Im Tagesprogramm wird morgens ein Event in der eleganten Show Lounge angeboten: *Thomas liest in seinem Lieblingsbuch.* Das will ich mir nicht entgehen lassen. Und beobachte, zusammen mit etwa hundert anderen Gästen, einen jungen dunkelhaarigen Mann auf einem einsamen Stuhl, der konzentriert in einem Buch liest. Nach etwa zehn Minuten schlägt er das Buch zu, erhebt sich, verbeugt sich und verlässt die Bühne. Die Gäste klatschen Beifall. Das nenne ich mal gemeinsamen Galgen-

humor. Später möchte dieser Thomas uns noch die spannende Unterwasserwelt in dem Mini-Pool des Schiffes zeigen. Das erspare ich mir doch lieber, möglicherweise betrachten wir dann die Form seiner Beine unter Wasser.

Dem Programm liegt eine humoristische Landgangsinformation bei. Hier wird nicht wie üblich der Ort des Landgangs beschrieben, sondern es ist ein Leitfaden für das Schiff. Anderes Festland ist ja nicht erreichbar für einen Landgang. Und später erzählt der Abenteurer wieder von seinen Trauminseln, diesmal von Grönland und Island. Eine Durchsage des Kapitäns zeigt seine Erleichterung. Jetzt, auf der Höhe von Porto, sind wir seit vierzehn Tagen ununterbrochen auf dem Wasser unterwegs (ich schon drei Tage länger), und so steht fest, dass sich niemand mit Corona angesteckt hat.

Meine Frau schreibt mir schon einmal, was sie zu meiner Ankunft kochen will, ein ayurvedisches Gericht mit einer Mischung von vielen unbekannten Gewürzen. Eins ihrer neuen Hobbys. Sie arbeitet immer noch von zu Hause aus, an diesem Tag waren aber einige Schüler in die Schule gekommen, die noch Material für das Lernen zu Hause abholen sollten. Sie hat sich gefreut, die Kinder wiederzusehen. Keine Panik hier, meint sie.

Aber bei mir stellt sich eine besondere Panik ein, denn am Abend habe ich auf einmal das Gefühl, die Kabine vibriert ganz schnell. Mein ganzes Bett vibriert, ich kann mir nicht vorstellen, dort zu schlafen. Ich melde mich abends um halb zehn an der Rezeption. Innerhalb von Minuten ist eine technische Mitarbeiterin vor Ort und prüft genauestens die Stellen am Kabinenboden, die vibrieren. Sie hält das Phänomen für wichtig genug, es dem Kapitän zu melden und berichtet mir nach kurzer Zeit, der Kapitän lasse ausrichten, wir hätten zwischenzeitlich den Kurs geändert, möglicherweise löse die neue Richtung des Seegangs die Vibrationen aus. Hinter der Biskaya sollte das Problem verschwinden.

Das tröstet mich nicht für diese Nacht, und ich erscheine wiederum

an der Rezeption und bekomme dort ohne Probleme eine Ersatzkabine auf der anderen Schiffsseite, wo das Bett nicht vibriert, zugeteilt, beruhigend. Die nächsten beiden Nächte verbringe ich dort, bis das Vibrieren einige Zeit später tatsächlich verschwindet.
Die Zeit vergeht so langsam. Was für Entfernungen es in Europa gibt! Die habe ich wirklich unterschätzt. Und wie unterschiedlich die Reaktion der Gäste ist! Manche genießen die verlängerte Reise, würden am liebsten auf dem Schiff bleiben, zu Hause wartet ein leeres Haus und die Verwandtschaft lebt weit entfernt.
Ich lerne das Herstellen von Trüffelpralinen und bin ganz fasziniert zu erfahren, wie man den Geschmack von Cola erzeugt: mit Zimt und Limette und einer speziellen Blüte, deren Geheimnis der Chocolatier nicht lüften will. Der schöne dunkelrote Überzug einiger Trüffel wird durch Rollen in gefriergetrocknetem und gemahlenem Cassis erzeugt, und die kunstvoll anmutende unregelmäßige Schokoladenoberfläche der Champagnertrüffel in meiner Lieblingskonditorei bildet sich einfach, indem man die Praline in Schokolade taucht und dann über ein Drahtnetz rollt. Vielleicht will man manche süßen Geheimnisse gar nicht wissen.

Am Donnerstag gibt es genaue Informationen zur Ausschiffung. Kapitän und Kreuzfahrtdirektor gehen wie immer mit einer besonderen Strategie vor: Zunächst warnen sie, dass sie den Reisenden äußerst unangenehme Informationen geben müssen, die sie sich so in dem Ausmaß nicht vorgestellt haben. Und dann, wenn die Details bekannt werden, ist alles doch nicht so schlimm. Die Taktik geht auf, wieder, wie auf dem Amazonas, gibt es kaum Beschwerden und keine Panik. Man bemerkt jedoch sehr gut in der Formulierung der von den Bremerhavener Behörden vorgegebenen Bedingungen, dass wir als Kreuzfahrtschiff als potentiell gefährlich angesehen werden, was ja auch von deren Warte aus gesehen verständlich ist. Wir müssen das Schiff in Zwanzigergruppen verlassen, so kann man sich ausrechnen, wie lange das bei etwa sechshundert Passagieren dauern wird. Wir müssen Masken tragen, eventuell wird die Temperatur gemessen. Ich weiß jetzt, dass mein Bus der letzte ist, der den Terminal verlassen wird, ich werde am Sonntag um sechzehn Uhr zwanzig das Schiff verlassen dürfen. Ich reise dann weiter mit einem Bus, der über Bremen nach Hamburg fährt, denn es ist noch nicht klar, ob meine Frau, wenn sie über die Autobahn fährt, nicht einen Passierschein braucht, um den Zweck der Fahrt zu bestätigen, das ist uns zu kompliziert. Daher holt sie mich erst in Bremen ab.

Viele Reisende haben eine weite Heimreise, alle bekommen daher ein Lunchpaket und, ein aufmerksames Detail, ein Brot, hier an Bord gebacken für den ersten Hunger zu Hause. Das große Gepäck kann einen Abend vor Ausschiffung für einen Gepäckservice bereitgestellt werden, so dass wir nicht im Kreuzfahrtterminal nach den einzelnen Stücken suchen müssen. Ich nehme das Angebot gern an, denn die Zustände in dieser Terminalhalle sind schwer einzuschätzen. Es dürfen sich nur zwanzig Personen in der Halle gleichzeitig aufhalten, das kann alles dauern, und mein Handgepäck inclusive Hängematte aus Salvador da Bahia ist schon schwer genug.

Es ist noch nicht sicher, ob wir in Quarantäne gehen müssen, die jeweiligen Gesundheitsämter melden sich. Ich bin schockiert über die vielen Hindernisse bei der Ausschiffung und fühle mich irgendwie nicht willkommen in meinem Heimatland.

Endlich kann ich meine Frau im Detail informieren.

Sie schreibt, dass es ihr ganz gut geht: *„Ich versuche halt aktiv zu sein. Heute habe ich im Garten den Rasen geharkt und gedüngt. Ich bin froh, wenn du wieder hier bist. Wenn wir dann allerdings beide in Quarantäne müssen, wird das noch einmal hart. Du bist wahrscheinlich auch heilfroh, wenn du wieder hier bist?"*

Ich antworte: *„Klar. Ich fühle mich hier schon total eingesperrt und überall die vielen Menschen."*
„Willst du nochmal telefonieren?"
„Och nee. Vielleicht später. Muss die Infos erst mal verdauen."

Beim Abendessen herrscht Abschiedsstimmung am Tisch. Alle fotografieren noch einmal die vertraut gewordenen Mitreisenden, die Ober, die kunstvoll arrangierten Gerichte. Auf jedem Teller mit dem Dessert aus Eis und Beerensoße hat ein bedauernswertes Mitglied der Küchencrew mehrere hundert Mal den Spruch *Danke von der Crew* aus Schokoladensoße gemalt. Auch wir haben uns zu bedanken, die üblichen Umschläge mit dem beträchtlichen Trinkgeld übergeben die meisten Gäste selbst an die Servicemitarbeiter, auch die „unsichtbaren Geister" in Küche und Technik und Reinigung werden pauschal bedacht.
Wir beschließen, uns als Gruppe noch einmal wieder zu treffen. Es soll ein Aufenthalt an der Mosel sein, im September, ein halbes Jahr nach dem Ende unserer Reise. Wir wollen ein schönes Hotel suchen, dort Erfahrungen austauschen und an einem Tag eine Schiffstour unternehmen.
Viele erklären, dass sie die Gruppe vermissen werden. Eine ganz besondere Art von Geselligkeit hat hier stattgefunden, eine tolerante Runde mit sehr unterschiedlichen Temperamenten, Persönlichkeiten und Hintergründen hat hier sowohl Unterhaltung als auch Halt gegeben. Ich bin froh, dass ich nicht, wie einige andere Alleinreisende, die man oft einzeln gedankenversunken in den Bars oder an der Reling sah, vor diesem Gruppenerlebnis zurückgeschreckt war.
Am Freitag morgen umrunden wir die Bretagne, die Heimat kommt immer näher. Glücklicherweise sind wir auch in der Biskaya von Frühlingsstürmen und entsprechendem Seegang verschont geblieben, oder war das der Kapitän mit seiner besonnenen Routenauswahl?

Mein Koffer ist schon halb gepackt. Und dann begegne ich beim Gang zum Frühstück meiner Kabinenstewardess, die besorgt aussieht, hat sie geweint? Ich denke nach, wie ich ihr helfen kann. Und als ich vom Frühstück zurückkomme, bitte ich sie noch einmal in meine Kabine und frage sie, wie es ihr geht und wie es für sie weitergehen wird. Sie spricht ausgezeichnet Englisch und erzählt mir, dass sie nicht mehr lange auf dem Schiff bleiben kann, sie wird nicht mehr gebraucht, wenn die Passagiere nicht mehr da sind. Wahrscheinlich wird es Charterflüge für die Belegschaft nach Hause geben, wenn das unter den Corona-Bedingungen möglich ist.
Ich frage: „Würde es Ihnen helfen, wenn ich Ihnen jeden Monat etwas Geld überweise in den nächsten sechs Monaten? Danach können Sie hoffentlich wieder arbeiten“, und bin gerührt über ihre dankbare Reaktion. Sie sagt, sie habe wach gelegen diese Nacht und nicht gewusst, wie sie für sich und ihren kleinen Sohn etwas zu essen kaufen kann, für die übrigen Ausgaben habe sie genug Geld, aber was sollen sie essen? Ich bin schockiert, mir wird jetzt klar, in welchem katastrophalen Ausmaß diese Krise unsere Crewmitglieder trifft. Sie gibt mir ihre Kontaktdaten und ihre Bankverbindung und ist glücklich über den relativ kleinen Betrag, den ich ihr verspreche. Damit, sagt sie, kann sie Lebensmittel, Orangensaft und Milch für sich und ihr Kind, das jetzt bei der Großmutter lebt, kaufen. Wie ungerecht das Leben ist. Auch ich habe mir meine Pension durch meine Lebensleistung verdient, aber wieso habe ich jetzt so ein gutes Leben und eine so hart arbeitende, gebildete Person aus einem anderen Kulturkreis muss derart um ihr Überleben kämpfen?

4
4.–5. April 2020

Die *Tagesrundschau* meldet: Die Ausbreitung des Coronavirus in Deutschland verlangsamt sich, dies sei aber nach dem Robert-Koch-Institut kein Grund für eine Lockerung der strengen Alltagsbeschränkungen. Bei 80.000 gemeldeten Krankheitsfällen und 1.017 bekannten Todesfällen wachse allerdings die Sterberate. Ein flächendeckender Einsatz von Mund-Nasen-Schutz wird diskutiert. Frau Merkel beendet ihre häusliche Quarantäne. Boris Johnson geht es besser.

An diesem Tag haben wir den Ärmelkanal erreicht und passieren die Sandstrände der belgischen und holländischen Nordseeküste. Ich beobachte immer wieder den steten Fortschritt des Pfeils auf dem Bordfernseher, der die Position unseres Schiffes angibt. Die Zeit auf dem Schiff kommt mir mittlerweile endlos vor. Ich versuche, diese letzten Stunden so oft wie möglich an der Reling auf Deck 7 zu verbringen. Stetig rauscht der Bug durch die Wellen, es ist sonnig und kühl jetzt.

Für den Abschiedsabend in der Showlounge habe ich mich mit Brigitte verabredet. Die Gäste kommen sehr früh, es ist schwierig, Plätze zu finden. Wir finden einen erhöhten seitlichen Platz mit gutem Überblick Alle Reisenden kommen noch einmal zusammen, viele Crewmitglieder versammeln sich auf der Bühne, die Offiziere in ihren dunklen Uniformen mit weißem Hemd und Krawatte, die Damen des Show-Ensembles in eleganten schwarzen Kleidern. Der Kapitän heißt die Gäste willkommen und bedankt sich bei ihnen, er sagt, er bedankt sich nicht wie auf einer üblichen Kreuzfahrt dafür, dass sie diese Reise gebucht haben, sondern für ihre Ruhe und Geduld auf dieser langen Reise. Und am wichtigsten sei es ihm gewesen, dass alle Gäste – und hier bricht seine Stimme und ich sehe Tränen in seinen Augen – gesund in Bremerhaven ankommen.

Ein erschütternder Moment, bei vielen Gästen sind ebenfalls Tränen zu sehen, ebenso beim Bordpfarrer und Küchenchef, einige Crewmitglieder weinen, die Gäste erheben sich und spenden langanhaltenden Beifall. Denn der Dank gilt der Crew, der Umsicht, Transparenz, Großzügigkeit im Umgang mit den Gästen, einem Kapitän, der sich wirklich, wie es traditionell sein sollte, für die Menschen auf seinem Schiff persönlich verantwortlich fühlt.
Wir teilen die Erleichterung und Dankbarkeit an diesem Abend und denken wieder an die Crew. Auch wir können uns nicht wirklich vorstellen, was uns zu Hause erwartet, aber die Crewmitglieder wissen nicht einmal, ob und wie sie nach Hause kommen, ob sie einander wiedersehen werden, ob es überhaupt noch einmal Kreuzfahrten geben wird, wie sie ohne diese Arbeit überleben sollen.

Ich wache früh auf am nächsten Morgen und erblicke aus dem Fenster die erste Morgenröte. Über dem Meeresspiegel erheben sich drei riesige Windräder vor dem leicht bewölkten grau-rosa Himmel, etwas, das wie eine Ölbohrplattform aussieht, ist vor dem Horizont zu sehen. Auf dem Weg zum Panoramadeck sehe ich am Ausgang einige Seeleute die Strickleitern fertigmachen, wir fahren bereits in den Hafenbereich ein. Riesige Frachtschiffe mit hochgestapelten Containern, bläulich schimmernd im stärker werdenden Sonnenlicht, liegen am Rand der Außenweser.
Ein Motorschiff der Küstenwache, am Bug die Farben der deutschen Flagge, begleitet unser Schiff auf der letzten Strecke. In einiger Entfernung ist das Hochhaus in Segelform an der befestigten Küste zu sehen, das als Wahrzeichen der Stadt weithin erkennbar ist. Ich blicke nach unten und erkenne den Kapitän und seine Helfer auf ihrem Außenstand, sie tragen bereits Masken. Wir passieren weitere Kreuzfahrtschiffe, die bereits vor Anker liegen. In einem hinteren Hafenbecken sehe ich eins unserer Schwesterschiffe, das bereits vor einigen Tagen zurückgekehrt ist, davor den langen glä-

sernen Gang, der zum Kreuzfahrtterminal führt. Das jetzt wieder riesig anmutende Kreuzfahrtschiff nähert sich langsam dem Pier, es erwarten uns nur einige Hafenarbeiter und ein deutsches Polizeiauto in blau und grau. Irgendwie fühle ich mich wie eine Verbrecherin. Nicht wir bringen das Virus, sondern wir haben jetzt Angst vor euch, denke ich. Unmittelbar hinter dem gläsernen Gang sind Busse zu sehen, Busse, die eine Sondergenehmigung bekommen haben, um überhaupt fahren zu dürfen; jeder zweite Sitz wird gelb abgeklebt und der Busfahrer durch Folie abgetrennt sein zum Schutz vor uns, wie wir auf der Info-Veranstaltung erfahren haben. Die ersten Gäste können nach kurzer Zeit das Schiff verlassen, ich beobachte von oben, wie jeder einzeln in weitem Abstand zum nächsten, langsam, mit Mundschutz und meist schwerem Handgepäck, mit gesenktem Kopf, irgendwie eingeschüchtert durch den gläsernen Gang schreitet.
Ich habe noch Stunden Zeit, bis ich von Bord gehen darf, und so kann ich mit einigen Mitgliedern meiner Runde noch frühstücken und zu Mittag essen, mich von der Restaurantcrew verabschieden. Gabriele, Brigitte, Georg, Cornelius und Petra sind zwischen Frankfurt und Heidelberg zu Hause und den ersten Bussen zugeteilt. Wir anderen verabschieden sie noch einmal, indem wir auf der Wendeltreppe, über die sie das Schiff verlassen, Spalier stehen. Sabine und Uwe haben sich von Sabines Mann im Auto abholen lassen; obwohl er nur eine Person mitnehmen darf, riskieren sie es, zu dritt im Auto zu sein.
Endlich bin ich an der Reihe. Vor dem Schiffsausgang helfen Crewmitglieder den Gästen beim Anlegen der Masken, man drückt uns das versprochene Brot, ein Lunchpaket und noch ein kleines Geschenkpaket in die Hand, in dem sich, wie ich im Bus feststelle, eine Teetasse mit Schiffsmotiv und einige Trüffelpralinen befinden. Einige Beamte erwarten uns in dem gläsernen Gang und achten auf den Abstand; sie erlauben einer alten Dame, neben ihrem geh-

behinderten Mann zu gehen, er kann nicht allein, sagt sie. Ich bemerke, dass mein Atem durch die Maske stark behindert ist, es ist heiß und meine Brille beschlägt. Nur mit etwas Mühe finde ich meinen Weg zum Ausgang und einen Platz im letzten Bus nach Bremen und Hamburg.
Auf der Autobahn dann gespenstische Ruhe, es sind fast keine Autos unterwegs und schon gar keine Busse. Ein Deutschland, das ich bisher nicht kannte, ein Land im Stillstand. Beängstigend.
Am Bremer Busbahnhof stürze ich mit meinem gesamten Gepäck, Koffer, Tüten, Rucksack und zusammengerollter Hängematte aus dem Bus, meiner Frau in die Arme und vergesse völlig, mich von der begleitenden Reiseleiterin zu verabschieden. Jetzt bin ich in diesem fremden Land, meinem Zuhause, angekommen.

5
6. April 2020

Am nächsten Morgen kurz nach neun ruft eine Angestellte des lokalen Gesundheitsamts an. Ich habe ein sehr nettes Gespräch mit ihr. Sie sagt, man wisse ja nicht wirklich, was auf dem Kreuzfahrtschiff los gewesen sei, und spricht daher eine dringende Empfehlung, jedoch keine Anordnung aus, in eine vierzehntägige Quarantäne zu gehen. Ich handele noch mit ihr aus, dass ich in den unser Haus umgebenden Feldern spazieren gehen darf, wenn ich Kontakte vermeide. Nach diesen langen Tagen an Bord auf Bewegung verzichten zu müssen, wäre schwer erträglich gewesen.

So ist die Quarantäne nicht wirklich ein Problem, denn nach den eindrücklichen Erlebnissen der letzten Wochen genieße ich die Ruhe. In unserer Nachbarschaft hat sich ein Einkaufsservice gebildet, so dass auch von praktischer Seite keine Probleme entstehen.

Ich bleibe mit meiner Tischgruppe in Verbindung und erfahre, dass das Quarantänethema sehr unterschiedlich gehandhabt wird. Die meisten Gesundheitsämter melden sich nicht bei den Reisenden. Und so reihe ich mich wieder in das Leben zu Hause ein. Der Mailkontakt mit den anderen hilft auch dabei, wir alle hoffen, dass das geplante Moseltreffen im Herbst trotz Corona stattfinden kann. Und wir wünschen uns, dass dann alles schon vorbei sein könnte.

Nachwort

Januar 2021

Die Pandemie hält die Welt immer noch in Atem. In Deutschland sind die Schulen wieder geschlossen, Kulturveranstaltungen seit Monaten nicht möglich, keine Gruppenaktivitäten, keine Restaurantbesuche, Silvester im Wesentlichen ohne das Leuchten im Himmel. Einsamkeit für viele, Stress für Familien, Bedrängnis für Kinder und junge Menschen. Für mich kalter, dunkler Winter, wenige Reize in einem Haus auf dem Land. Ich beobachte die Tiere unserer Wiesen und Felder, Mäusebussarde, Weihen, Kraniche, Kormorane, Rehwild.

Die Weihnachtsgabe ist angekommen: Es gibt wirksame Impfstoffe gegen das Virus, es braucht nur Geduld, irgendwann kommen wir an die Reihe und die entsetzliche Krankheit wird ihren Schrecken verlieren.

In allen Staaten Südamerikas sind die Infektionszahlen hoch. Im Juni 2020 graben Aktivisten vor dem Copacabana Palace Hotel einhundert symbolische Gräber auf dem menschenleeren Strand aus, viele Reihen von Gruben mit Kreuzen in regelmäßigen Abständen, über die ganze Breite des Strandes bis fast zur Wasserlinie. Ein Hinweis auf die hohe Zahl der Corona-Toten in Brasilien.
Diese Fernsehbilder zerreißen mir das Herz. Einige Monate zuvor war ich noch dort und habe die unbeschwerte Fröhlichkeit genossen, für die dieser Strand seit Jahrzehnten berühmt ist.
Die Brasilianer lassen es sich nicht nehmen, im Sommer, als die Pandemie abzuflauen scheint, an ihren Stränden zu tanzen, zu baden, die Freiheit zu genießen. Silvester werden die Strände für die Menschen gesperrt.

Im September zeigt die *Tagesschau* tausende von Bränden im Amazonasgebiet, die Städte, die ich vom Amazonasufer aus kenne, Santarém, Manaus sind in Rauch gehüllt. Für das Klima der Erde existentieller Regenwald wird für Rinderfarmen vernichtet, Rinder, die ganz natürlich in den Pampas von Argentinien und Uruguay leben können.

In Argentinien stirbt im Dezember Diego Maradona, für immer verbunden mit dem Club Boca Juniors, die Menschen in Verzückung und extremer Trauer, ich erkenne die Straßen, Plätze, das Stadion in Buenos Aires, Menschen verabschieden sich von ihrem Fußballidol in der Casa Rosada. Wenig später ein Gesetz, in dem Argentinien die Abtreibung erlaubt, wieder jubelnde Menschen auf den Straßen, Frauen, befreit, triumphierend.

Unsere Tischgruppe trifft sich Ende September zu einer sonnigen Moselfahrt auf einem Ausflugsschiff. Masken und Abstand hindern uns kaum daran, den Ausblick vom Wasser aus auf die steilen grünen Hänge und die romantischen bunten Städtchen am Ufer zusammen zu genießen. Alle bis auf eine ehemalige Mitreisende sind gekommen, und wir tauschen unsere Eindrücke darüber aus, welche Bedeutung diese Gruppe hatte, um das bedrückende Ende der Reise zu überstehen. Obwohl wir, was Hintergründe, Persönlichkeiten und Alter betrifft, sehr unterschiedlich sind, ist ein stärkender Zusammenhalt entstanden, unerwartete Harmonie auch jetzt, Monate nach dem Abschied. Wir verabreden ein Treffen in einem Jahr und senden uns seitdem zu besonderen Anlässen Grüße und Mails, jeder und jede einzelne erzählt von ihrem Leben in der Pandemie. Allen ist gemeinsam, dass sie hoffnungsvoll darauf warten, wieder reisen zu können. Und vielleicht wird der eine oder die andere wieder eine Schiffsreise an einem runden Tisch für Alleinreisende zusammen erleben.

Die Crewmitglieder von den Philippinen, mit denen ich gelegentlichen Mail-Kontakt habe, warten immer noch auf einen Neustart der Kreuzfahrtschiffe. Keinem von ihnen ist es gelungen, eine Arbeit zu finden, die die Familie ernährt. Sie verdienen sich ihren Lebensunterhalt mit einer kleinen Landwirtschaft, mit Speisen-Lieferdiensten oder Straßenständen mit Essen für die Nachbarn. Die Verzweiflung über die anhaltende Arbeitslosigkeit ist groß. Zusätzlich suchten noch Taifune und Erkrankungen wie Dengue-Fieber einige von ihnen heim. Ich kann nur allen wünschen, dass sie diese Zeit überstehen.

Einige der Mitglieder der Tischrunde haben sich meinem Vorhaben angeschlossen, einige Crewmitglieder persönlich finanziell zu unterstützen. Dies sind jedoch nur punktuelle Hilfen und wir hoffen, dass nun nach fast einem Jahr abzusehen ist, wann sie wieder selbst in Arbeit stehen.

Ich ziehe mich ins Private zurück. Mit einem Online-Sprachkurs versuche ich mein Spanisch zu verbessern, ich kann mir eine individuelle Reise nach Argentinien vorstellen, dort gibt es im Nordosten Urwald, Wasserwege, exotische Vögel und Säugetiere und Dörfer der Guaraní, die teilweise Spanisch sprechen. Die Pampa hält meine Vorstellungskraft noch gefangen, dort möchte ich einmal länger sein.

Und mein Kreuzfahrtschiff bricht in zwei Jahren auf eine Orientreise auf, es soll von Monaco über Ägypten, den Oman und Indien nach Sri Lanka gehen. Diese Länder würde ich nicht individuell bereisen, aber unter dem Schutz des Kreuzfahrtschiffes könnte ich mir vorstellen, die Reisen Sindbad des Seefahrers nachzuleben und die Eindrücke von Nordafrika, die ich als junge Frau auf einigen kurzen Winterreisen erleben konnte (ich fuhr damals im Taxi über den

Salzsee in Tunesien, beobachtete einen alten Löwen in einem kaum gesicherten Wüstengehege in Tozeur und verschlang mit Freude Bric-a-l'oeufs, mit Petersilie und Ei gefüllte Teigtaschen), wiederzubeleben.

Vielleicht mit einigen meiner Freunde der Südamerika-Tour.

Danksagung

Nach dem Ende dieser ganz besonderen Reise, im ersten Lockdown, hatte ich viel Zeit, um das Erlebte niederzuschreiben. Dies half, um die Ereignisse und Gefühle zu verarbeiten. Zwischen dem Gefühl des Galgenhumors ("Hummer nur jeden zweiten Tag"), dem Gefühl der Ohnmacht und des Gefangenseins und dem Bedauern, nicht alle geplanten Abenteuer erleben zu können (Orte im Amazonasgebiet besuchen, im Fluss baden, eine nächtliche Bootsfahrt etc.) gelang es mir, durch das Schreiben eine Balance zu finden. Ich bedanke mich in der Phase bei meiner Freundin Helga und meiner Mitreisenden Angelika, die mich darin bestärkten, dass mein Bericht auch für ein breiteres Publikum interessant sein könnte. Später beriet Angelika mich auch bei der Titelsuche, und ich bedanke mich ganz herzlich für ihre klugen Impulse.

Meinen Freundinnen Wibke und Sylke danke ich für ihre humorvollen Nachrichten aus der Heimat, die meine bedrückte Stimmung auf der langen Reise nicht nur einmal aufheiterten.

Ein besonders herzlicher Dank geht an meine Lektorin Karen-Susan Fessel, die mich bei der Erstellung des Manuskripts begleitete, den Text redigierte, Unstimmigkeiten benannte und inhaltliche und sprachliche Tipps gab, insbesondere für ihre positiven und motivierenden Rückmeldungen beim Voranschreiten der Kapitel. So behauptete sie, dass sie auch nach dem 10. Kapitel immer noch interessiere, wie es weitergeht.

Bei der Erstellung des eigentlichen Buches half mir Anke Fischer, für deren kreative und kompetente Arbeit bei der Druckvorlagenerstellung und Covergestaltung ich mich ebenfalls herzlich bedanke.

Auch bei meinem Schriftstellerkollegen Peter Göbel bedanke ich mich herzlich für die ausführlichen Tipps zum Self-Publishing.

Mein spezieller Dank geht an meine Frau, die mich bei der Planung meiner Reisen unterstützt, mich neidlos allein reisen lässt, sich in der Zeit umsichtig um unsere Katzen kümmert und mir dann, wenn mir wieder Zweifel beim Schreiben kommen, einen liebevollen Schubs gibt.

Zu guter Letzt danke ich den wunderbaren Crewmitgliedern der MS Amera, die uns Passagieren in dieser herausfordernden Zeit mit ihrer Herzlichkeit und Ruhe Halt gaben, so dass keine Panik oder Missstimmung entstehen konnte. Auch den Verantwortlichen von Phoenix Reisen möchte ich sehr für die transparenten Informationen, die Großzügigkeit und die kleinen freundlichen Gesten, mit denen diese Ausnahmesituation für die Passagiere erleichtert wurde, (ich denke z.B. an die frisch gebackenen Brote zum Mitnehmen für alle zum Abschied), danken.

Und natürlich herzlichen Dank an die Tischrunde!

Fußnoten

Kapitel 3

[1] De Robertis, Carolina, *Die unsichtbaren Stimmen*, Fischer Taschenbuch 2011
[2] Übersetzung: „Du wirst in US-Dollars nach dem jeweiligen Umrechnungsstand des Tages bezahlen."
[3] Übersetzung: „Wir geben dir das ruhigste Zimmer, das wir haben. Es liegt im oberen Stockwerk. Wir stehen für weitere Fragen zur Verfügung."
[4] UruguayNatural ist der Name der offiziellen Tourismusbehörde des Landes
[5] Lebendige Erde – Laden der Kultur des Cannabis
[6] Wittenberger lässt Familien auf der Straße.

Kapitel 4

[7] Quelle: KVH Media Group/NEWSlink

Kapitel 5

[8] Gemeinde der Heiligen Dreifaltigkeit

Kapitel 9

[9] die Açai-Beeren sind bei uns als Superfood und Vitaminbomben bekannt und hier auf dem Markt in ihrer Urform oder als Mischung in Getränken zu finden.
[10] Vor einiger Zeit konnte ich noch ein uraltes Exemplar ergattern, Roy Rockwood, *Bomba, der Dschungelboy auf der Jaguarinsel*, Bastei Verlag ohne Jahr.

Kapitel 10

[11] Wir mögen den Oger aus den Shreck-Filmen von vor einigen Jahren sehr, dies ist eine urtümliche Figur, die am liebsten allein in seiner Hütte im Sumpf grimmig vor sich hin lebt.

Kapitel 11

[12] Barge: langes flaches Mehrzweckschiff für Hafentransporte

Kapitel 12

[13] Maarten T'Haart, *In unnütz toller Wut*, Piper Verlag 2004

Kapitel 13

[14] „The International", KVH Media Group/Newslink, Thursday, March 26, 2020

[15] Viele seiner Reiseerlebnisse sind in seinem Buch Burghard Pieske, *Seewärts*, Delius Klasing Verlag Bielefeld, 2003, nachzulesen.

[16] The International, 28.03.2020

[17] Ebd.: Zitat aus der Rede des Papstes: "Thick darkness has gathered over our squares, our streets and our cities, it has taken over our lives, filling everything with a deafening silence and a distressing void, that stops everything as it passes by... we find ourselves afraid and lost." Frei übersetzt: Eine dichte Dunkelheit hat sich über unsere Plätze, Straßen und Städte gelegt, überall herrscht betäubendes Schweigen und eine Leere, die verunsichert und alles zum Stehen bringt, was sich bewegt. ... Wir fühlen uns ängstlich und verloren.

Impressum:

Kontakt: renate.henstedt@web.de
Layout und Umschlag: anke-fischer.de
Druck: Schaltungsdienst Lange, Berlin

ISBN: 978-3-00-068525-5